"어린이 토론학교"

어린이 토론학교 학교와 가족

초판 1쇄 펴낸날 2016년 2월 25일
초판 8쇄 펴낸날 2024년 5월 21일

글 권이은 주정현
그림 김민준
펴낸이 홍지연

편집 고영완 전희선 조어진 이수진 김신애
디자인 이정화 박태연 박해연 정든해
마케팅 강점원 최은 신종연 김가영 김동휘
경영지원 정상희 여주현

펴낸곳 (주)우리학교
출판등록 제313-2009-26호(2009년 1월 5일)
제조국 대한민국
주소 04029 서울시 마포구 동교로12안길 8
전화 02-6012-6094
팩스 02-6012-6092
홈페이지 www.woorischool.co.kr
이메일 woorischool@naver.com

ⓒ 권이은 주정현, 2016
ISBN 979-11-87050-03-2 74300
ISBN 979-11-87050-01-8 74080(세트)

- 책값은 뒤표지에 적혀 있습니다.
- 잘못된 책은 구입한 곳에서 바꾸어 드립니다.
- 본문에 포함된 사진 및 통계, 인용문 등은 가능한 한 저작권과 출처 확인 과정을 거쳤습니다.
  그 외 저작권에 관한 문의 사항은 ㈜우리학교로 연락 주시기 바랍니다.
- KC마크는 이 제품이 공통안전기준에 적합하였음을 의미합니다.

"어린이" 토론학교

학교와 가족

틀려도 괜찮아, 네 생각을 말해 봐

글 권이은 주정현
그림 김민준

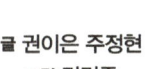

 # 어린이 토론학교에

어린이 여러분, 반갑습니다.

준비물은 잘 챙겨 오셨나요?
연필과 메모지에다 시계까지 챙겨 온 친구들도 있군요.
그런데 가장 중요한 것이 빠져 있네요.
바로 '여러분의 입장'입니다.

토론은 세상에 질문을 던지는 일입니다.
무엇이 옳고 그른지 질문을 던지고 질문이 타당한지 따져 가는 과정입니다.
어디선가 들었던 말, 막연하게 알고 있던 생각만으로는 어렵습니다.
문제집에 나와 있는 정답과 해설을 외우는 것도 별 도움이 되지 않습니다.

내 생각이 맞을까 틀릴까 걱정하지 마세요.
다른 사람이 어떻게 생각하나 눈치 보지 마세요.

오신 것을 환영합니다

여기 『어린이 토론학교』의 안내를 따라 찬성과 반대의 숲을 통과한 다음
스스로의 힘으로 생각을 해 보고 나만의 입장을 찾아봅시다.

내 입장이 정해지면 다른 사람의 입장도 이해할 수 있습니다.
자기 생각이 없을 때 우리는 무조건 방어하고 공격하게 됩니다.
논리적으로 내 입장을 세울 수 있게 되면
다른 사람의 생각에도 진심으로 공감할 수 있습니다.

이제 『어린이 토론학교』에서
내 힘으로 생각하는 법,
내 목소리로 말하는 법을 배워 봅시다.
정답을 찾는 공부가 아니라
질문을 던지는 공부를 시작해 봅시다.

틀려도 괜찮습니다.
여러분의 생각을 당당하게 말해 보세요.

이 책은 이렇게 구성되어 있어요

2. 찬성과 반대

; 나란히 제시된 찬성 글과 반대 글이
생각의 균형을 키워 줘요

논제에 대해 찬성 글과 반대 글이 나란히 제시되었어요.
어정쩡한 절충이나 타협은 없습니다.
단호한 "그래!"와 "아니야!"만 있을 뿐이지요.
차례로 읽어 나가다 보면 여러분 머릿속에
생각의 불씨가 지펴질 거예요.

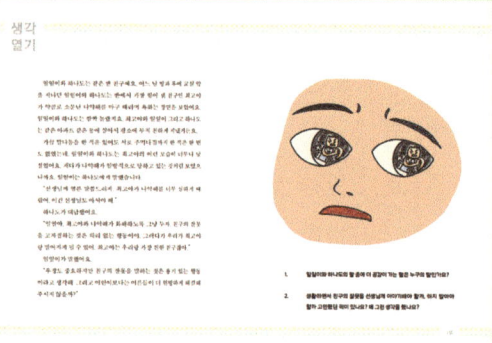

1. 생각열기

; 재미있는 이야기로
토론의 실마리가 잡혀요

생활 속에서 일어난 이야기를 통해
토론의 실마리를 제시했어요.
재미있는 그림을 보면서 이야기를 읽고 난 뒤
물음에 간단히 답해 보세요.

찬성 글과 반대 글을 읽을 때에는
"왜?"라는 질문을 던지면서 글을 읽어 보세요.
예를 들어 논제가 "시험을 보아야 할까?"라면
먼저 "왜 시험을 보아야 하지?"라고 질문을 던진 다음,
"시험을 보면 수준을 알 수 있다고? 왜?"
"시험이 실력을 향상시켜 준다고? 왜?" 하고
계속 질문을 던지며 어떻게 답이 나와 있는지 찾아보세요.

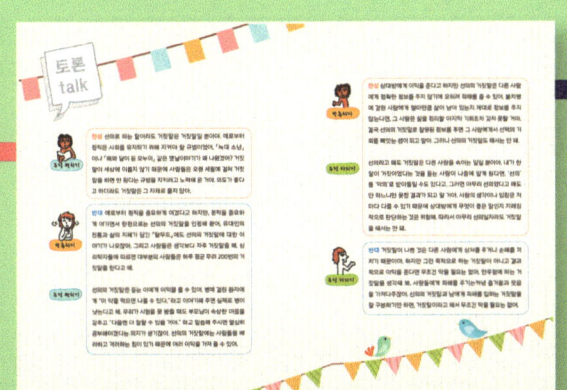

3. 토론톡
; 실제로 토론하는 모습을 보면서
  주장하고 반박하는 방법을 배울 수 있어요

찬성과 반대 입장으로 나뉘어 토론하는 모습이
나와 있어요.
"찬성 주장 → 반대 반박 → 반대 주장 → 찬성 반박"
의 순서로 두 사람이 주장과 반박을 반복하고 있어요.
자기주장은 어떻게 펼쳤는지
상대편 주장에 어떻게 반박을 하고 있는지
살펴보세요.

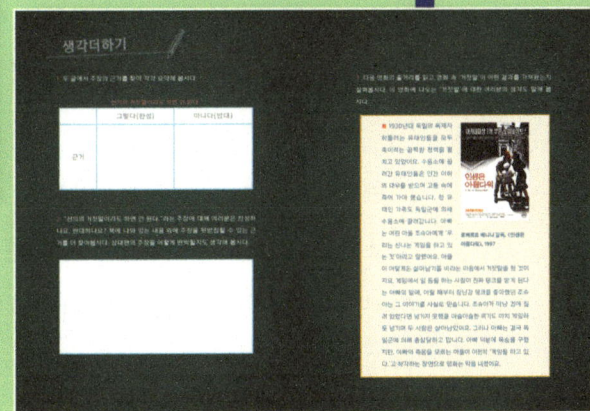

4. 생각더하기
; 자신의 입장을 세우면서
  생각을 넓혀 갈 수 있어요

글에 나타난 근거를 정리한 뒤
자신의 입장을 세워 보는 활동이 반복됩니다.
글에 나와 있지 않은 근거를 더 찾아보면서
자신의 주장을 더 탄탄하게 만들어 보세요.
마지막에 제시된 재미있고 다양한 활동은
여러분의 생각을 더욱 넓혀 줄 거예요.

♣ 교과서와 함께 봐요   *교과 연계표는 139쪽에 이어집니다.

과목	학년	단원명
국어	5-1	5. 글쓴이의 주장
국어	5-1	6. 토의하여 해결해요
국어	5-2	3. 의견을 조정하며 토의해요
국어	5-2	6. 타당성을 생각하며 토론해요
국어	6-1	4. 주장과 근거를 판단해요

"어린이와 함께 이 책을 읽는 학부모, 선생님께"

　왜 우리 아이들은 공부에 흥미가 없을까요? 어른들이 던진 질문에 답을 찾는 공부만을 하고 있기 때문은 아닐까요? 어른들이 낸 문제의 답을 찾는 공부를 하게 되면 자신이 찾은 답이 어른들의 기대에 맞을까 걱정하고 정답을 빨리 알아내려고만 하게 됩니다. 높은 점수나 어른들의 칭찬이 이러한 공부의 대가로 주어지겠지요. 칭찬이나 점수와 같은 보상이나 어른들의 강제가 없다면 정답을 찾는 공부를 계속하는 아이들은 거의 없을 것입니다.

　질문은 아이들 스스로 던지는 것입니다. 세상에 대한 궁금증 때문에, 궁금해서 견딜 수가 없으면 "왜? 어째서?" 하고 질문이 생깁니다. 질문에 대한 답을 찾을 수도 있고 찾지 못할 수도 있지만, 답을 찾아가는 과정에서 다른 사람들의 의견도 만나고 새로운 사실도 깨닫게 됩니다. 질문을 던지는 데서 시작하는 공부는 진정으로 즐거운 공부일 것입니다.

　토론이야말로 질문을 던지는 일입니다. 옳은지 그른지 질문을 던지고 그 타당성을 따져 가는 과정이 바로 토론입니다. 토론에 참여하는 사람들은 누구나 질문을 던지고 그 질문에 대한 답을 찾아 나갑니다. 그 과정에서 다른 질문들을 무수히 만나게 되겠지요. 그러면서 공부라는 것이 무수한 질문의 연속이라는 것을 알게 됩니다.

　토론이 끝나도 마찬가지입니다. 토론이 끝난다고 해도 여전히 많은 질문이 남아 있다는 사실을 알게 될 것입니다. 우리가 알고 있는 진실이나 결론은 항상 잠정적인 것일 뿐입니다. 여전히 우리가 사는 세상은 알 수 없는 것들로 가득

차 있습니다.

　알 수 없는 세상에 대해 조금씩 질문을 던져 앎의 세계를 넓혀 가는 과정이야 말로 우리가 삶을 살아가는 참된 의미이겠지요. 앎의 기쁨을 모르는 삶과 그러한 기쁨을 누리는 삶은 하늘과 땅 차이만큼 다를 것입니다. 토론은 진정으로 공부하는 세계, 앎의 기쁨을 누리는 세계로 우리 아이들을 이끌어 갈 것입니다.

이렇게 지도해 주세요

- 혼자서 읽기보다 친구들과 함께 읽고 생각을 나누는 것이 더 좋습니다.
- 하나의 논제에 대해 찬성과 반대 입장이 나란히 실려 있습니다. 찬성 글과 반대 글을 통해 논거를 구성하는 방법을 배우도록 해 주세요. 주장을 어떻게 입증하고 있는지, 근거는 어디에서 찾았는지 살펴보면서 읽도록 해 주세요.
- 찬성 글과 반대 글의 마지막 부분에는 '반론'을 제시하였습니다. 반박을 할 때에는 상대편이 주장한 내용에 대해서 반박을 해야 하며 새로운 내용을 주장하지 말아야 한다는 것도 알게 해 주세요.
- 찬성 글과 반대 글이 모두 설득력 있게 제시되어 있기에 글을 읽고 난 뒤에 생각의 혼란을 느낄 수 있습니다. 생각이 복잡해지는 것이 자연스러운 일임을 알려 주시고 각각의 입장에 타당한 점이 있음을 인정하는 마음가짐이 토론의 출발이라는 것도 말씀해 주세요.
- 이 책에 실려 있는 논제로 토론을 진행할 경우에는 먼저 글을 읽고 난 뒤 '생각더하기'에 제시된 두 가지 질문에 답을 하면서 토론을 준비하도록 하세요. 토론이 끝난 뒤에는 '생각더하기'의 나머지 활동을 함께하면서 사고를 확산시키도록 해 주세요.
- 책에 나와 있는 근거를 그대로 토론에 사용할 경우 자신의 말로 재구성해서 사용할 수 있도록 지도해 주세요.

어린이 토론학교에 오신 것을 환영합니다 -- 4
어린이와 함께 이 책을 읽는 학부모, 선생님께 -- 8

1 시험은 필요할까?

그래! 시험은 꼭 필요해 -- 16
아니야! 시험은 필요하지 않아 -- 25

2 학원에 다녀야 할까?

그래! 학원에 다녀야 해 -- 42
아니야! 학원에 다니지 말아야 해 -- 50

3 초등학생이 이성을 사귀어도 될까?

그래! 초등학생도 이성을 사귀어도 돼 -- 66
아니야! 초등학생은 이성을 사귀면 안 돼 -- 75

·· 차례 ··

4 부모는 자녀를 체벌해도 될까?

그래! 부모는 자녀를 체벌해도 돼 -- 92

아니야! 부모라도 자녀를 체벌하면 안 돼 -- 100

5 결혼은 꼭 해야 할까?

그래! 결혼은 꼭 해야 해 -- 116

아니야! 결혼은 하지 않아도 돼 -- 124

토론 한눈에 보기 -- 136

교과서와 함께 봐요 -- 139

참고 자료 -- 140

시험은 필요할까?

"

그래!
시험은 꼭 필요해

아니야!
시험은 필요하지 않아

"

생각 열기

나꼴등은 엄마의 성화에 못 이겨 아까부터 집에서 받아쓰기 시험을 연습하고 있었어요.

"엄마, 이제 그만할래요. 받아쓰기 지긋지긋해요. 놀고 싶다고요."

짜증을 부리는 나꼴등에게 엄마는 목소리를 높여 말씀하셨어요.

"놀긴 뭘 놀아? 지난번에 50점밖에 못 받아 놓고 넌 창피하지도 않니? 형을 반만이라도 닮았으면 좀 좋아. 네 형은 50점을 받아 본 적이 없다."

나꼴등은 고개를 푹 숙이며 다시 연필을 들었어요. 그 모습을 보고 있던 형 나일등은 방으로 슬쩍 피하려고 했어요. 오늘 학교에서 수학 시험을 망친 게 떠올랐기 때문이에요. 그런데 아뿔싸! 어떻게 알았는지 엄마가 나일등을 불렀어요.

"일등아, 너 오늘 학교에서 수학 시험 본 건 어떻게 됐니?"

순간 나일등은 고구마를 먹은 것처럼 속이 답답해졌어요. 그래서 모기처럼 작은 목소리로 이렇게 대답했어요.

"그럭저럭 본 거 같아요."

"그럭저럭이 뭐야? 백점을 받아야지. 아, 참! 내일은 학원에서 영어 단어 시험 본다고 했지?"

"네."

나일등은 한숨을 쉬며 대답했어요.

"얼른 들어가서 공부해. 엄마가 자기 전에 검사할 거야."

방으로 들어간 나일등은 책상 앞에 앉아서 머리카락을 쥐어뜯으며 생각했어요.

'아, 정말 시험 없는 세상에서 살고 싶다!'

1. 나꼴등과 나일등은 왜 힘들어하고 있나요?

2. 이와 비슷한 경험이나 생각을 해 본 적이 있나요? 그렇다면 언제 그랬는지 말해 봅시다.

"그래, 시험은 꼭 필요해"

시험은 실력을 향상시키도록 도와줘

시험이 없다면 얼마나 좋을까요? 시험만 없으면 학교생활도 즐겁고 부모님과도 사이좋게 지낼 자신이 있습니다. 시험이 다가오면 별것 아닌 일에도 짜증이 나고 어디론가 도망치고만 싶지요. 하지만 시험은 꼭 필요합니다. 왜 필요한지 우리는 이미 답을 알고 있습니다. 시험이 없으면 도대체 누가 공부를 하겠어요? 놀고 싶고 게임하고 싶은 마음을 누르고 공부하는 이유는 시험을 보기 때문입니다. 어렵고 지루한 과목을 꾹 참고 공부하는 이유도 시험을 보기 때문이지요.

시험이야말로 학생들을 공부하게 만드는 가장 효과적인 방법입니

다. 시험을 보면 자신이 어디에서 실수를 했고, 어느 부분을 제대로 이해하지 못하는지 알게 되기 때문에 실력이 올라갈 수밖에 없습니다.

2011년 한국교원단체총연합회가 교사 445명을 대상으로 초등학교에서 중간 및 기말고사를 없애는 것에 대해 설문 조사를 한 적이 있었습니다. 그런데 응답자의 62.2%가 시험을 없애는 것을 반대했다고 해요. 중간·기말고사가 사라지면 학습 능력이 떨어질 것이라는 의견에 대해서도 74.15%가 '그렇다'고 답을 했고요. 많은 교사들이 시험을 없애면 학생들의 실력이 전보다 떨어질 것이라고 생각한다는 것이지요.

　정말 그럴까요? 이웃나라 일본에서는 실제로 그런 일이 있었습니다. 일본은 2002년부터 '유도리 교육'을 실시해 왔습니다. 유도리는 일본 말로 '여유'라는 뜻을 가지고 있는데, 이름대로 시험을 없애고 수업 내용과 시간을 줄이는 등 자율적인 교육을 실시하기로 한 것입니다. 그런데 이 교육을 시작한 뒤 상위권을 차지하던 국제학업성취도평가(PISA)에서 순위가 떨어지기 시작했어요. 평가 초기에 1위를 차지했던 수학적 응용력은 무려 10위로 떨어졌고 1, 2위를 다투던 과학적 응용력도 6위로 떨어지고 말았지요. 이런 결과에 깜짝 놀란 일본은 결국 2007년에 전국학력시험을 부활시켰고, 그 결과 2012년 국제학업성취도평가에서는 순위가 다시 올라갔습니다. 시험을 통해 학생들의 실력이 높아진 것입니다.

　왜 시험을 보면 실력이 향상될까요? 시험을 보면 같이 공부하는 사람들끼리 선의의 경쟁을 하게 되어 더 열심히 공부하기 때문에 실력이 올라갈 수밖에 없습니다. 선의의 경쟁이란 '좋은 목적을 가진 경쟁'이라는 뜻입니다. 올림픽이나 스포츠 경기에 나간 선수들이 다른 선수들이나 상대편보다 더 좋은 성적을 내기 위해 있는 힘을 다해 경기하는 모습을 떠올리면 이해가 쉬울 거예요. 공부도 이와 비슷해요. 공부를 하게 만드는 힘을 학습 동기라고 하는데, 같은 공부를 하는 사람끼리의 경쟁은 공부를 더 열심히 하도록 하는 데 커다란 동기가 됩니다. 달리기를 할 때 옆에 함께 달리는 친구가 있으면 서로 경쟁하면서 더 열심히 뛰게 되는 것과 마찬가지로요. 그리고 이러한 경쟁을 일으키기 위해서는 운동 경기의 '시합'처럼 같은 공부를 하는 사람과 누가 더 나은 실력을 가졌는지 비교해 줄 '시험'이 반드시 필요합니다. 시험이 없다면 실력을 비교할 수 있는 기준이 없기 때문에 제대로 경쟁이 이루어지지 않을 테니까요. 따라서 선의의 경쟁을 불러일으키는 시험은 꼭 필요합니다.

학습 동기
학습 동기란 학습의 목표를 개인의 목표와 연결시켜 공부를 할 때 분명한 목표 의식을 가지게 하는 것을 뜻해요. 좋은 대학에 가고 싶은 사람이 더 열심히 공부하는 것처럼 개인의 적성이나 흥미에 맞는 과제를 주거나 보상, 경쟁심, 피드백(feedback) 등을 활용하여 학습을 잘할 수 있도록 돕는 힘이에요.

시험으로 자신의 수준을 정확하게 알 수 있어

우리가 시험을 보는 이유는 무엇일까요? 가장 중요한 이유는 시험을 통해 자신의 수준을 정확하게 알 수 있기 때문입니다. 여러분은 시험의 정식 이름이 '성취도 평가'인 것을 알고 있나요? '성취도 평가'라는 말은 '성취한 정도를 평가한다'는 뜻으로, 학생들이 얼마만큼 실력을 쌓았는지를 확인하는 것입니다. 시험을 보면 시험 결과를 점수나 등급으로 보여 주기 때문에 자신이 어느 정도의 실력을 가지고 있는지 보다 분명하게 알 수 있습니다.

만약 시험을 보지 않는다면 어떻게 될까요? 여러분은 혹시 단원이 끝날 때쯤 모르는 것이 없다고 생각했는데 막상 단원 평가를 보고 나서 시험 결과가 좋지 않았던 적이 없었나요? 사실 우리가 머릿속으로 막연하게 생각하는 실력과 실제 실력 사이에는 차이가 있습니다. 스스로 달리기를 잘한다고 생각하는 사람이 모두 달리기 선수가 되지는 못하는 것처럼 말이에요. 마찬가지로 시험을 보지 않고선 내가 공부한 것을 제대로 알고 있는지 확인하기가 어렵습니다. 이처럼 시험은 우리가 얼마만큼 공부를 했고, 또 다른 사람들과 비교했을 때 자신의 실력이 어느 정도인지를 분명한 결과로 보여 주기 때문에 정확한 수준을 알기 위해서라도 시험은 꼭 필요합니다.

시험은 가장 공정하고 평등한 평가 방법이야

시험만큼 공평하고 올바른 평가 방법도 없습니다. 시험은 모두 같은 문제를 풀어 점수를 내고, 그 점수를 비교하여 실력을 알 수 있게 해 주는 방법입니다. 그렇기 때문에 누구나 노력만 하면 자신의 실력을 보여 줄 수 있지요.

만약 사람을 뽑을 때 시험이 아닌 다른 기준으로 결정하면 어떻게 될까요? 예를 들어 어떤 학교에서 수학 경시 대회에 학교 대표로 내보낼 5명의 학생을 뽑으려고 합니다. 경시 대회에 나가고 싶은 학생이 50명이라고 할 때, 5명의 학생을 어떻게 뽑을 수 있을까요? 외모를 기준으로 수학을 잘할 것 같이 생긴 친구를 뽑는다면 공정하다고 할 수 있을까요? 수학 문제집을 많이 가지고 있는 친구를 뽑는 것은 또 어떤가요? 이런 기준에 동의할 사람은 아마 별로 없을 것입니다.

직장에서 신입 사원을 뽑을 때도 마찬가지입니다. 2015년에 한국은행에서 신입 사원 채용 공고를 내자 70명을 뽑는 데 무려 4,031명이 지원을 했다고 합니다. 57.6대1의 높은 경쟁률이었지요. 여러분이 채용관이라면 이 수많은 지원자들 중에서 어떤 사람을 뽑아야 할까요? 만약 부모님이 한국은행에 다니는 자녀를 먼저 뽑아 준다면 어떻게 될까요? 혹은 키가 큰 순서대로 뽑는다면요? 이런 말도 안 되는 기준에 동의할 사람들은 한 명도 없을 것입니다. 그뿐인가요? 이런 기준으로 사람을 뽑는다면 떨어진 수많은 사람들이 자신은 도전해 보지

도 못했다면서 이런 평가 방법은 공정하지 않다고 크게 반발하고 나설 것입니다.

　이럴 때 많은 사람들이 인정하는 공평하고 올바른 방법은 바로 시험입니다. 시험을 치르는 모든 사람은 자신의 성별, 외모, 부모님의 지위, 재산 등과 아무 상관없이 모두 같은 문제를 풀고, 그 결과를 통해 채용이 결정됩니다. 모두에게 똑같은 도전 기회가 주어지므로 가장 공평하다고 할 수 있지요. 시험만큼 공정하고 평등한 평가 방법은 없습니다.

시험이 우리를 불행하게 만드는 것은 아니야

　시험은 경쟁을 불러오고 경쟁은 많은 학생들을 불행하게 만들기 때문에 시험을 없애야 한다고 주장하는 사람들이 있습니다. 하지만 곰곰이 생각해 보면 시험 자체가 우리를 불행하게 만드는 것은 아닙니다. 시험을 통해 우리의 실력을 확인하는 일이 괴로운 일이 되어 버린 것은 모두가 1등만을 바라고 시험 점수가 낮은 사람을 무시하는 사회적 분위기 때문입니다. 이런 분위기에서는 어떤 방법으로 평가를 해도 문제가 됩니다. 예를 들어 초등학교에서 하는 수행평가는 등수나 점수 때문에 학생들 사이에 벌어지는 불필요한 경쟁을 줄이고 학생 개개인의 학습 과정을 평가하는 데 의미를 두기 위해 만들어졌습니다. 그렇지만 등수나 성적에 지나치게 민감한 우리나라의 학부모들은 자신들의 자녀가 수행평가를 잘 받도록 하기 위해 숙제를

대신 해 주거나 과외를 시키기도 하고, 학교나 교육청에 수행평가는 공정하지 않으니 점수로 알려 달라는 요구를 하기도 합니다.

 이처럼 1등에만 목을 매는 사회적 분위기가 우리를 불행하게 하는 것이지 시험 자체가 우리를 불행하게 만드는 것은 아닙니다. 시험은 학생들에게 꼭 필요합니다.

"아니야, 시험은 필요하지 않아"

시험을 위한 공부는 진짜 공부가 아니야

'○○학교 시험 족보'라는 말을 들어 본 적 있나요? '시험 족보'란 지난 몇 년 간 시험에 나온 문제들을 모아 놓은 것을 말합니다. 족보란 본디 한 집안의 혈연관계를 기록한 책으로, 대대로 자손들에게 전해져 내려오는 것이지요. 그런데 한 학교의 시험문제가 오랜 기간 이어져 내려오다 보니 '족보'라는 말이 다 붙은 것입니다. 서점에 가면 쉽게 구할 수 있는 기출문제집도 시험 족보와 비슷합니다.

학생들은 시험 족보나 기출문제집으로 시험에 나올 문제를 골라 공부하면서 시험 준비를 합니다. 자신이 흥미를 느끼거나 하고 싶은 공부를 하는 것이 아니라 시험에 나올 것 같은 문제들만 족집게처럼 골라 달달 외우면서 점수를 높일 궁리만 하는 것이지요. 이런 식의 공부가 과연 제대로 된 공부일까요?

시험을 위해 기계적으로 답만 외우는 공부는 진짜 공부가 아닙니다. 이런 공부는 새로운 것을 알게 해 주는 것이 아니라 문제풀이 능력과 답을 찾는 요령만 길러 주기 때문입니다. 실제로 우리나라 학생들의 문제풀이 능력은 뛰어납니다. 국제학업성취도평가에서 꾸준히 높은 성적을 내는 것을 보면 말이에요. 하지만 성취도와 함께 평가하는 학업 흥미도와 자신감 부분에서는 성적이 바닥을 맴돌고 있습니다. 왜 그럴까요? 바로 시험 때문입니다. 즐겁고 재미있는 공부, 궁금하고 더 알고 싶은 공부를 하는 대신 시험에서 높은 점수를 받기 위해 문제풀이 요령만 익히다 보니 성적은 좋을지 몰라도 공부에 대한 흥미는 사라진 것입니다. 하면 할수록 흥미와 자신감을 잃게 되는 공부를 진짜 공부라고 할 수 있을까요?

요즘처럼 세상이 빠르게 변화하는 시대에 필요한 것은 단순한 지식

이 아니라 새로운 것을 생각해 낼 줄 아는 창의력과 협력을 통한 복합적인 사고 능력입니다. 그런데 지금처럼 학교에서 모두가 같은 문제를 푸는 시험은 정해진 답을 기계적으로 외우도록 만들 뿐 진정한 앎과는 거리가 멉니다. 창의적이고 개성 있는 다양한 생각을 이끌어 내지 못하는 시험은 더 이상 필요하지 않습니다.

시험은 우리를 불행하게 만들어

여러분은 '시험'이란 단어를 떠올리면 어떤 생각이 드나요? 혹시 머리를 감싸고 짜증 섞인 표정을 짓고 있지는 않나요? 시험은 일등이건 꼴등이건 관계없이 엄청난 스트레스를 불러일으켜 학생들을 불행하게 만듭니다.

우리나라 학생들이 학업 스트레스로 많은 고통을 받고 있다는 것은 세계적으로도 잘 알려진 사실입니다. 2013년에 유니세프(UNICEF)에서 29국을 대상으로 세계 어린이의 학업 스트레스에 대해 조사한 결과 한국 아동의 학업 스트레스 지수(50.5%)가 가장 높았다고 해요. 또 통계청에서 발표한 '2014년 청소년 통계'에서는 청소년의 11.2%가 자살하고 싶다는 생각을 한 번 이상 해 본 것으로 조사되기도 했는데, 가장 큰 이유가 성적 및 진학 문제(39.2%) 때문이었고요. 이러한 통계는 우리나라 학생들이 시험으로 인해 얼마만큼 고통 받고 있는지를 잘 보여 줍니다.

더 큰 문제는 시험이 학생들을 심한 경쟁 속으로 밀어 넣어 소중한 인간관계마저 무너뜨린다는 것입니다. 시험을 통해 등수를 매기는 순간 아무리 내가 잘해도 다른 친구들이 더 잘하면 꼴찌가 되기 때문에 친구들끼리 서로를 밟고 올라서야만 살아남는 경쟁 관계가 됩니다. 이런 환경에서 나보다 잘하는 친구에게 시기하는 마음이 생겨나는 것은 어쩌면 자연스러운 결과일지도 몰라요. 그뿐만이 아닙니다. 'O점 맞은 아이', 'O등 하는 아이'라고 친구를 성적으로 평가하면서, 공부 못하는 친구를 무시하고 공부 잘하는 친구와 더 친하게 지내고 싶어 하기도 하지요. 친한 친구 사이일지라도 점수 얘기를 하다가 마음이 상하고 다툼이 일어나는 경우도 종종 있고요. 부모와의 관계는 또 어떤가요? 시험은 부모와 자식 사이에 갈등을 일으키고 멀어지게 하는 중요한 원인이 되기도 합니다. 이처럼 소중한 관계를 무너뜨리는 시험을 꼭 봐야만 하는 걸까요?

시험의 본래 목적은 자신의 실력이 어느 정도인지를 확인해서 부족한 부분을 채워 나가는 데에 있다고 하지만 현실에서는 모두가 '몇 점'을 맞았는지, '몇 등'인지만 중요하게 생각하고 있습니다. 모두가 똑같은 문제를 풀고 그 결과에 따라 점수를 매기는 지금과 같은 시험은 학생들에게 엄청난 스트레스를 줄 뿐만 아니라 친구 관계, 부모와의 관계를 비정상적으로 만들고 마음을 멍들게 합니다. 이처럼 우리를 불행하게 만드는 시험은 필요하지 않습니다.

시험은 공정하지 않아

누구나 노력하면 좋은 결과를 얻기 때문에 시험은 공정하다고 말하기도 합니다. 그러나 오늘날 시험은 더 이상 공정한 평가 방법이 아닙니다. 같은 시험을 치르지만 같은 조건에서 공부하는 것이 아니기 때문입니다.

예를 한번 들어 볼까요? 어느 초등학교에서 교내 영어 말하기 대회가 열렸습니다. 해외여행은 물론이고 영어 학원 한번 다녀 본 적이 없는 준하는 열심히 준비를 했지만 시험에서 최우수상을 받은 것은

사교육
공교육과 반대되는 개념으로, 국가에서 관리하는 교육 기관 밖에서 이루어지는 교육을 뜻해요. 1960년대 이후 상급학교 진학을 위한 입시학원이 많아지면서 사용되기 시작했는데, 학교 공부를 보충하기 위해 개인이 스스로 선택해서 돈을 내고 배우는 과외 수업이나 학원 등에서 이루어지는 교육을 일컫는 말이에요.

광희였습니다. 광희는 외교관인 아버지를 따라 미국에서 5년간 살다 온 아이입니다. 같은 시험을 치르고 평가받았다는 이유만으로 과연 이 대회를 공정하다고 말할 수 있을까요? 오늘날의 시험은 이와 같습니다.

가난한 가정에서 태어나더라도 공부만 잘하면 좋은 직장을 얻고 많은 돈을 벌 수 있었던 것은 먼 과거의 이야기입니다. 예전에도 집안 환경에 따른 차이는 존재했지만 공부 방법에는 큰 차이가 없었습니다. 하지만 사교육이 극성을 부리는 요즘에는 부모의 경제력이나 학력 등이 자녀의 교육과 대학 입시에 큰 영향을 미치고 있습니다. 좋은 대학을 나오고 돈 많은 부모를 둔 학생들은 어릴 때부터 부모의 도움으로 비싼 과외와 학원 교육을 받고 어학 연수를 다녀오는 등 다양한 배움의 기회를 갖습니다. 그러나 가난한 가정의 아이들에게는 그런 기회가 허락되지 않기 때문에 경쟁에서 불리할 수밖에 없지요. 시험을 100m 달리기에 비유한다면 출발선이 서로 다른 것입니다. 부모의 교육 수준이 높고 돈이 많을수록 시험 준비에 유리하기 때문에 시험은 더 이상 공정한 제도라 볼 수 없습니다.

시험 때문에 생긴 스트레스는 오히려 공부를 포기하게 만들어

시험이 필요하다고 말하는 사람들은 시험이 학생들에게 선의의 경쟁을 하도록 만들어 공부를 더 열심히 하게 된다고 말합니다. 그러나 시험이 누구에게나 공부를 더 열심히 하게 만드는 계기가 되는 것은 아닙니다. 오히려 공부를 포기하게 되는 결과를 만들기도 하지요. 우리나라 청소년의 하루 평균 학습 시간은 OECD 국가 중 1위입니

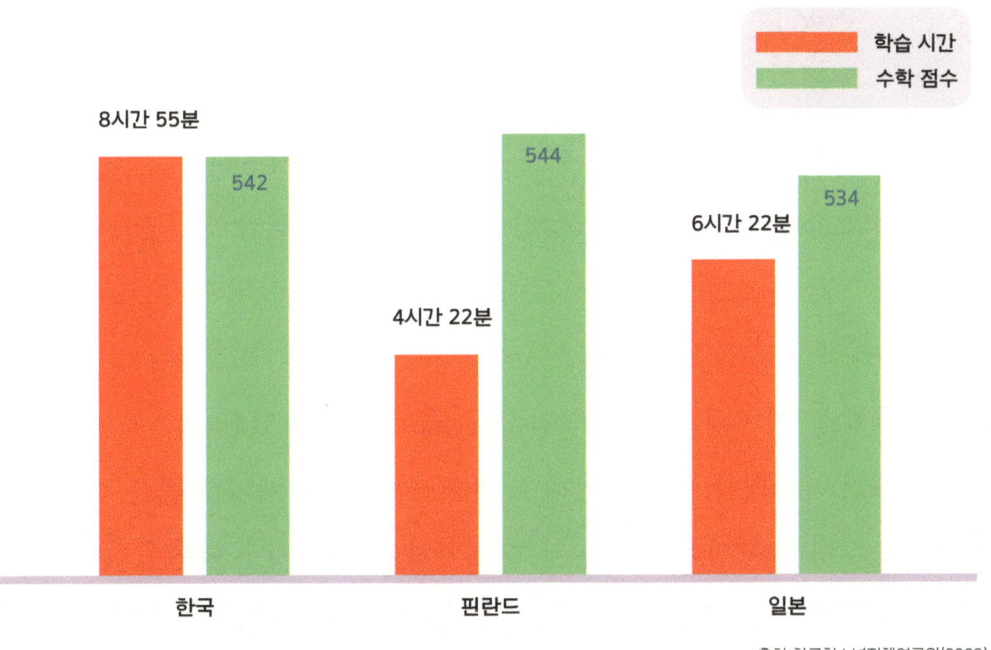

출처: 한국청소년정책연구원(2009)

15세 청소년 나라별 학습 시간과 수학 점수 {단위:점}

우리나라 청소년의 하루 평균 학습 시간은 OECD 평균에 비해 2시간이나 많지만 학업 성취도 면에서는 별 차이가 없거나 오히려 낮다.

다. 핀란드 학생의 두 배에 이르는 학습 노동에 시달리고 있지요. 이 정도의 학습량이면 공부를 못하는 게 오히려 이상할 정도입니다. 그런데 그거 아세요? 세계적으로 수학 성취도가 최상위권에 속하는 우리나라에서 수학을 포기한 '수포자'의 수가 점점 늘고 있고, 2014년 대학 수능 시험에서는 수학 점수를 100점으로 보았을 때 3명 중 1명이 30점 미만의 점수를 받았다고 해요. 시험을 칠 때마다 좋은 점수를 받지 못하는 학생이 결국 공부를 포기하게 되는 것은 당연합니다. 매번 좋은 점수가 나오지 않는데 열심히 공부할 의욕이 생길 리가 없지요. 이런 시험을 꼭 봐야 할까요?

  사실 시험은 반드시 필요한 것이 아닙니다. 덴마크에서는 초등과 중등 저학년까지 9년 동안 단 한 번의 국가시험만을 봅니다. 졸업 시험인데 그것도 엄밀한 의미에서 시험이라고 할 수는 없습니다. 9학년의 의무교육을 마쳤다는 확인을 받는 것일 뿐 시험에서 떨어지거나 점수를 매기는 방식이 아니기 때문입니다. 시험이 없으니 덴마크 학생들은 공부를 하지 않을까요? 그렇지 않습니다. 그 나라에서는 학습의 결과보다 과정을 더 중요하게 생각하기 때문에 학생들은 주어진 과제에 대해 창의적으로 문제를 해결해 나가는 방법을 고민한다고 합니다. 정답 맞추기에만 길들여진 정답 로봇 대신 우리도 학생 한 사람 한 사람의 의욕을 북돋울 수 있는 새로운 평가 방식을 고민해야 될 때가 아닐까요? 지금과 같이 모두가 똑같은 문제를 풀고 등수를 매기는 방식의 시험은 학생들을 불행하게 만들 뿐입니다.

찬성 시험은 반드시 필요해. 시험을 보지 않으면 자기 실력이 어느 정도인지 어떻게 알겠어? 머릿속으로 막연히 생각하는 실력과 실제 실력 사이에는 차이가 있기 마련이야. 달리기를 잘한다고 생각했는데 막상 기록을 재 보면 생각보다 별로인 경우가 있는 것처럼 시험을 봐서 성적을 매기지 않으면 자기가 어느 정도 실력을 가지고 있는지 정확히 평가할 수가 없어.

반대 시험이 성적으로 실력을 평가하는 것은 사실이야. 하지만 그게 과연 진정한 실력일까? 지금의 시험은 답을 외우거나 문제풀이만 잘하도록 요구하고 있어. 이런 능력이 진짜 실력이라면 어떤 문제가 나와도 풀 수 있어야 하는데 깊이 있는 사고력을 필요로 하는 문제나 응용문제가 나오면 쩔쩔 매는 학생들이 많아. 그건 문제풀이 능력이 진정한 실력과는 거리가 멀다는 뜻 아닐까?

더 큰 문제는 시험이 학생들을 지나친 경쟁 속으로 밀어 넣어 인간관계를 무너뜨리고 불행하게 만든다는 거야. 2013년 유니세프의 발표에 따르면 우리나라 아동들의 학업 스트레스 지수는 조사 대상국 중 최고야. 시험에서 좋은 성적을 받으려는 것은 더 행복하게 살고 싶기 때문인데 그것 때문에 오히려 불행해진다면 문제가 있는 거지.

찬성 시험이 경쟁을 불러일으켜 학생들에게 스트레스를 주는 것은 맞아. 하지만 경쟁이나 스트레스를 꼭 나쁘게만 받아들일 필요는 없어. 운동 경기처럼 공부도 누군가와 경쟁할 때 더 열심히 하게 되는 게 사실이니까. 문제는 시험 자체보다 모두가 1등만을 바라고 시험 점수가 낮은 사람을 무시하는 사회적 분위기에 있어. 이런 분위기를 바꾸지 않는다면 어떤 방법으로 평가를 해도 소용없지 않을까?

시험은 필요해. 시험은 자기 수준을 정확하게 알게 해 주어 공부를 더 열심히 하도록 돕기 때문에 결과적으로 실력 향상에 도움이 돼. 일본에서도 시험을 없앴다가 학생들의 실력이 뒤처지자 다시 시험을 부활시켜서 국제학업성취도의 순위가 올라갔다고 해. 시험이 없으면 자기 수준도 알 수 없고 실력을 키울 기회도 놓치게 돼.

반대 시험은 필요하지 않아. 시험이 자기 실력을 알게 해 주어 부족한 공부를 하도록 돕는다고 하지만 실제로는 다들 성적이나 등수에만 관심을 보이잖아. 또 사교육이 극성을 부리는 우리 사회에서는 더 이상 시험이 공정한 평가 방법이 될 수 없어. 돈이 많을수록 더 좋은 환경에서 공부할 수 있으니까. 요즘처럼 창의력 있는 인재를 필요로 하는 시대에 똑같은 문제로 등수를 매기는 시험은 학생들을 불행하게 만들 뿐이야. 시험은 더 이상 필요하지 않아.

생각더하기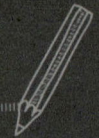

1. 두 글에서 주장의 근거를 찾아 각각 요약해 봅시다.

"시험은 필요할까?"

	그렇다(찬성)	아니다(반대)
근거		

2. "시험은 꼭 필요하다."라는 주장에 대해 여러분은 찬성하나요, 반대하나요? 책에 나와 있는 내용 외에 주장을 뒷받침할 수 있는 근거를 더 찾아봅시다. 상대편의 주장을 어떻게 반박할지도 생각해 봅시다.

3. 여러분은 '시험'이라는 말을 들으면 어떤 생각이 드나요? 아래 이야기를 읽어 보고, 인디언 아이의 말에 대한 여러분의 생각을 적어 봅시다.

미국은 원래 유럽에 살던 사람들이 바다를 건너가 세운 나라입니다. 미국을 세운 백인들은 원래 그 땅에 살고 있었던 원주민들을 '인디언'이라고 불렀습니다. 새로 들어온 사람들, 즉 이주민들은 원주민과 생각하는 방식이나 살아가는 방법이 달라서 어려움을 겪었습니다.

오랜 싸움 끝에 미국 땅을 지배하게 된 이주민들은 인디언들을 사회에 적응하도록 하기 위해 학교에 다니게 하였습니다. 그러나 이주민들은 속으로 '인디언들은 미개한 사람들'이라고 생각했기 때문에 인디언들의 학교생활은 쉽지 않았지요. 열심히 공부한 인디언 아이들은 곧 이주민 아이들과 비슷한 실력을 갖게 되었어요.

그러던 어느 날, 학교의 시험 일이 다가왔습니다. 이주민 중 한 명이었던 선생님은 학생들에게 조용히 시험 준비를 하고 있으라고 일러두고 시험지를 가지러 갔습니다.

10분 뒤 교실에 들어온 선생님은 깜짝 놀랐습니다. 이주민 아이들은 모두 자기 자리에 조용히 앉아 각자의 공부를 하느라 바빴던 반면 인디언 아이들은 모두 교실 바닥에 둥글게 모여 앉아 있었기 때문이지요. 화가 난 선생님은 인디언 아이들에게 소리쳤습니다.

"너희들 왜 그렇게 앉아 있는 거니? 시험 준비를 하라고 한 내 말 못 들었니?"

그러자 앉아 있던 인디언 아이들 중 한 명이 일어나 이렇게 말했습니다.

"선생님, 저희 할아버지들께서 어려운 일이 있을 때마다 함께 해결해야 한다고 말씀하셨어요. 어려운 일일수록 함께 헤쳐 나가는 것이 지혜롭다고요."

학원에 다녀야 할까?

"
그래!
학원에 다녀야 해

아니야!
학원에 다니지 말아야 해
"

생각 열기

영어, 수학, 태권도까지 학원을 세 군데나 다니고 있는 노학원 군. 학원에 다니기 싫어서 스트레스가 이만저만이 아니에요. 오늘도 학교를 마치자마자 태권도 학원에 다녀온 뒤 다시 수학 학원에 가려고 집에서 준비를 하고 있었어요. 그런데 갑자기 배가 살살 아프지 뭐예요? 화장실에 가서 앉아 있어 봤지만 별다른 소식이 없었어요.

'아, 배가 아파서 오늘은 학원에 못 가겠다. 엄마한테 전화해서 학원 못 간다고 해야지!'

학원에 안 가도 된다고 생각하니 노학원은 어쩐지 기분이 좋아지는 것 같았어요.

"엄마, 저 배가 너무 아파요. 아무래도 오늘 수학 학원에는 못 갈 것 같아요."

"우리 학원이는 왜 수학 학원에만 가려고 하면 배가 아플까?"

아프다는 말에 잠깐 멈칫하셨던 엄마가 이내 수상하다는 말투로 물으셨어요.

"아니에요, 엄마. 진짜로 배가 아프단 말이에요!"

"지난번에도 아프다더니 곧 괜찮다면서 친구들하고 놀이터에서 놀고 있었잖아. 자, 핑계 대지 말고 얼른 학원 가!"

노학원은 스트레스 때문에 배가 아플 정도인데 왜 꼭 학원에 가야만 하는지 이해할 수가 없었어요.

"엄마, 저 정말 아픈 것 같아요. 그리고 학교에서 열심히 공부했는데 학원에 안 가면 안 되나요?"

"아니, 학원비가 얼만데……. 됐고! 너 솔직히 말해 봐. 정말 배가 아픈 거야, 아님 학원에 가기 싫은 거야? 자꾸 이렇게 엄마한테 거짓말하면 게임 시간 없애 버린다!"

1. 이 상황에서 학원이와 엄마의 마음은 각각 어떻게 다를까요? 두 사람의 속마음을 이야기해 봅시다.

2. 이와 비슷한 경험이나 생각을 해 본 적이 있나요? 언제, 어떤 상황이었는지 말해 봅시다.

"그래, 학원에 다녀야 해"

학원에 다니면 성적이 올라

한국교육개발원의 2014년 통계에 따르면 우리나라의 학원은 모두 76,030개인데, 이 중에서 초·중·고생을 위한 입시 및 보습 학원이 전체의 약 절반가량을 차지하고 있습니다. 이렇듯 많은 수의 학원이 존재하는 이유는 무엇일까요? 그건 바로 학원이 학생들의 성적을 올려 주기 때문입니다.

성적을 올리려면 꾸준한 공부와 공부 기술이 필요합니다. 그런데 학원에 다니면 학교보다 훨씬 더 많은 양을 공부할 수 있고 전문 강사로부터 공부 기술을 배울 수 있습니다. 학원에서는 학교에서 아직 진도를 나가지 않은 부분을 미리 공부하는 선행학습을 주로 합니다. 선행학습의 문제점을 지적하는 사람들도 있지만 학원에서 미리 배우고 다시 학교에 가서 수업 시간에 공부를 하게 되면 이해가 훨씬 쉬워지는 것은 당연합니다. 또 학원에서는 이미 공부한 것을 한 번 더 보충해 줍니다. 확실한 복습이 되는 것입니다. 이처럼 학원에 다니면 학교 공부만으로 부족한 부분을 보충할 수 있고 훨씬 더 많은 양을 공부하도록 도와주기 때문에 성적이 올라갈 수밖에 없습니다.

또한 학원에 가면 전문가로부터 제대로 된 공부 기술을 배울 수 있습니다. 다른 일과 마찬가지로 공부에도 기술과 요령이 필요합니다. 예를 들어 수학 문제를 풀다 보면 아는 건데도 계산에서 자꾸 실수를 하거나 응용문제가 나오면 풀지 못하는 일이 종종 있습니다. 이런 경우에 필요한 것이 바로 공부 기술입니다. 집에서 공부하며 스스로 깨칠 수도 있겠지만 시간이 오래 걸릴 뿐만 아니라 혼자 끙끙대는 사이 자칫 공부에 대한 흥미를 잃거나 자신감이 떨어질 수도 있지요. 그러나 학원에 가면 해당 과목을 전문적으로 공부한 강사들이 공부 방법과 기술을 친절하게 알려 주고 개인별로 꼼꼼하게 관리해 주기 때문에 훨씬 더 효과적으로 공부할 수 있습니다.

학원이 공부에 도움을 준다는 것은 명문대 합격률만 보아도 잘 알 수 있습니다. 서울에서는 특히 강남 3구(강남·서초·송파)에 유명 학원들이 많이 모여 있는데, 서울대에서 발표한 '2014년 고교별 합격 현황'(최초합격기준) 자료에 따르면 서울 지역 일반고 학생들의 경우 합

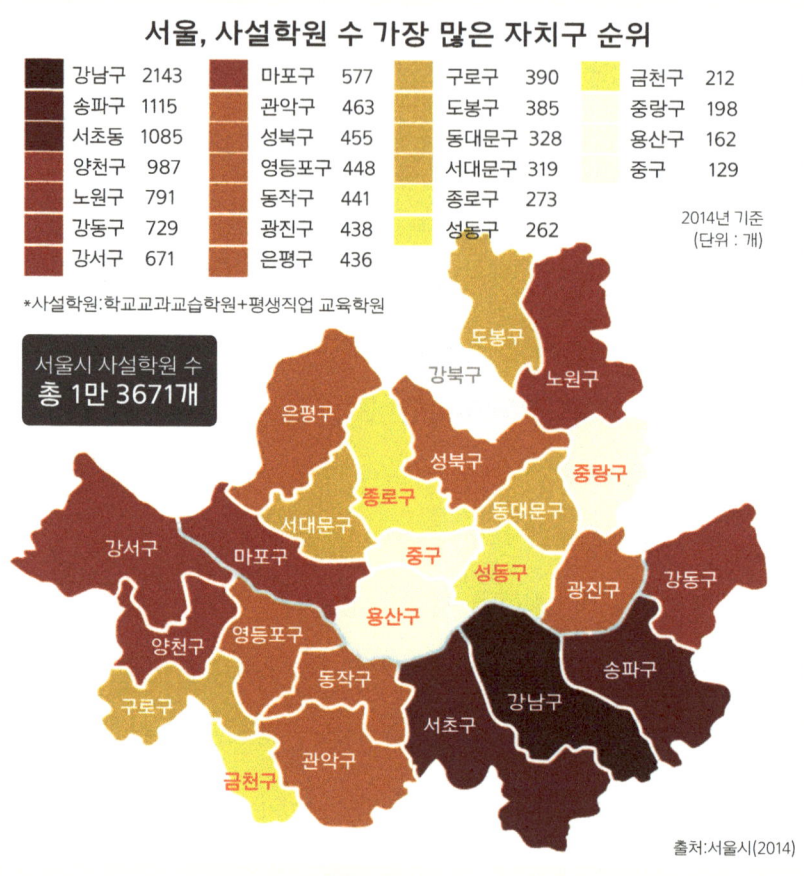

격자 수의 절반이 이곳 강남 3구 출신이라고 해요. 이와 같은 자료는 학원이 실제로 학생들의 성적을 올려 준다는 것을 알게 해 줍니다.

학원에서는 맞춤식 수업을 받을 수 있어

우리가 학원에 가는 또 다른 이유는 학원에 가면 맞춤식 수업을 받을 수 있다는 것입니다. 학교는 다양한 수준의 친구들이 모여 함께 공부하기 때문에 나의 수준에 딱 맞는 공부를 하기가 어렵습니다. 친구들이 쉽게 이해하는 내용을 혼자 이해하지 못하게 되면 수업 시간에 뒤처지게 되고, 반대로 친구들은 잘 이해하지 못하는 내용을 나 혼자 쉽게 이해하면 다 아는 내용을 계속 반복해서 공부해야 하기에 수업 시간이 지루해질 수 있지요. 이런 학교와 달리 학원에서는 나의 수준에 맞는 맞춤식 수업을 받을 수 있습니다.

학원에서는 레벨 테스트를 통해 학생들의 학습 수준을 평가하고, 그 평가 결과에 따라 반을 나눕니다. 그래서 학원에 가면 내 수준과 비슷한 친구들과 같은 반이 되어 수준에 맞는 수업을 받을 수 있습니다. 또한 학원에서는 학교보다 훨씬 적은 수의 학생들로 반을 만들기 때문에 강사가 학생에 대해 파악하기가 수월하고 학생 개인의 수준에 맞추어 보다 꼼꼼하게 관리해 줄 수 있습니다. 이처럼 개인별 맞춤 수업이 가능한 것은 학원이 가진 가장 큰 장점이라고 할 수 있습니다.

학원에서는 또 내가 원하는 과목만을 선택해서 수업을 받을 수도 있습니다. 예를 들어 수학이 부족하면 수학 전문 학원에 가서 집중적으로 수학만 배울 수 있고, 그림에 소질이 있어서 그림 실력을 더 기르고 싶으면 미술 학원을 다니며 좋아하는 그림을 마음껏 그리거나 배울 수 있지요. 이처럼 학원은 내 학습 수준과 흥미에 따라 맞춤식 수업이 가능하기 때문에 학교 공부만으로 부족한 부분을 채워 줄 수 있습니다.

학원에 다니면 시간 관리를 잘할 수 있어

"시간은 금이다."라는 말이 있습니다. 그만큼 시간이 중요하다는 말이지요. 하루 24시간은 누구에게나 똑같이 주어집니다. 하지만 그 시간을 알차게 보내는 사람도 있고 그렇지 못한 사람도 있습니다. 하루 정도야 어떻게 보내든 상관없을지도 모르지만 날마다 그렇게 소중한 시간을 흘려보낸다면 큰 문제가 아닐 수 없지요. 그래서 어렸을 때부터 시간을 낭비하지 않도록 슬기롭게 관리하는 방법을 배우는 것이 중요합니다.

그렇다면 시간 관리는 어떻게 하는 것이 좋을까요? 가장 손쉽게 할 수 있는 방법은 시간 계획표를 작성해 그대로 실천하는 것입니다. 하지만 어른들도 하기 어려운 시간 관리를 어린 초등학생이 계속 변함없이 실천하기란 쉬운 일이 아니지요. 계획표대로 정확히 지키기 어려울 뿐만 아니라 컴퓨터, 게임기, TV 등 공부를 방해하는 유혹들이 주변에 너무 많기 때문입니다. 특히 부모님이 맞벌이를 하는 학생들은 도와줄 어른들이 없으므로 방과 후 시간 관리가 더 힘들 수밖에 없습니다.

　하지만 학원에 다니면 시간 관리를 하기에 훨씬 수월합니다. 몇 시에 어느 학원에 가는지만 정확히 알고 있으면 그다음은 학원에서 정한 시간표에 따라 생활하면 되니까요. 학원에서는 휴식 시간과 공부 시간이 구분되고 학원 시간표에 따라 움직이면서 시간을 쪼개 쓰는 경험을 하게 되기 때문에 일부러 노력하지 않아도 자연스럽게 시간을 관리하는 법을 배울 수 있습니다.

학원에 가는 것은 돈을 들일 만한 가치가 있어

　학원이 돈을 벌기 위해 학생과 학부모들을 불안하게 만들어 필요도 없는 사교육을 받게 한다고 말하는 사람들이 있습니다. 그러나 성적을 올려 주지 않는데도 학원에 다니는 학생이 과연 얼마나 있을까요? 또 필요도 없는 사교육을 남들이 한다고 따라서 시키는 어리석은 학부모는 얼마나 될까요? 아까운 돈과 시간을 쓰면서 우리가 학원에 다니는 것은 학원이 성적을 올려 준다는 것을 잘 알기 때문입니다.

이러한 사실은 통계로도 확인할 수 있습니다. 한국청소년정책연구원이 2013년 전국의 초·중·고생 9,080명을 대상으로 1년간 실시한 조사에 따르면 학생들 가운데 87.4%가 학원 등의 사교육이 성적 향상에 도움이 된다고 답했습니다. 또 부모의 경제 수준이 높을수록 사교육을 더 많이 선택하며 그 효과를 믿고 있는 것으로 조사되었지요. 이와 같은 통계는 학원이 실제로 성적을 올려 준다는 것을 의미합니다.

학원이 돈을 벌어들이는 것을 가지고 학원 교육 전체를 비난할 수는 없습니다. 우리가 미용실에 가면 돈을 내고 머리를 할 수 있고, 음식점에 가면 돈을 내고 맛있는 음식을 먹는 것처럼 학원에서는 돈을 내고 내가 필요한 공부에 도움을 얻는 것뿐입니다. 학원은 돈을 받는 만큼 더 많은 학생을 모으기 위해 더 좋은 선생님을 모셔오고, 더 좋

은 교재를 만드는 등 끊임없는 노력을 합니다. 그리고 이러한 노력 덕분에 학생들은 더 질 좋은 교육 서비스를 받고 자신이 원하는 목표에 다가갈 수 있는 것입니다. 성적을 올려 주고, 내 수준에 맞는 맞춤식 수업을 받을 수 있으며, 시간 관리를 가능하게 해 주는 학원은 우리 학생들에게 꼭 필요합니다.

"아니야, 학원에 다니지 말아야 해"

학원에 다니면 스스로 공부하는 법을 배우지 못해

여러분은 자기주도학습이란 말을 들어 보았나요? 최근 이 자기주도학습이 공부를 잘하기 위한 방법으로 주목받고 있습니다. 자기주도학습이란 말 그대로 스스로의 힘으로 하는 공부를 말합니다. 다른 누군가의 지시나 도움에 의존하지 않고 학습자 스스로가 목표를 정하고, 그

자기주도학습
학습자 스스로 공부 목표를 정하고 어떤 방법으로 공부를 하고 성취할지 교육의 모든 과정을 스스로 선택하고 결정해서 행하는 학습 형태를 뜻해요. 스스로 강한 의지를 갖고 공부를 하기 때문에 적극적이고 자율적인 태도로 공부에 참여하게 돼요.

목표를 달성하기 위해 계획하고 실천하는 학습이지요.

공부를 잘하기 위해 자기주도학습이 필요한 까닭은 무엇일까요? 어떤 일을 잘 해내기 위해서는 스스로 열심히 하려는 마음가짐이 무엇보다 중요합니다. 누군가가 시켜서 어쩔 수 없이 할 때와 내가 하고 싶은 것을 할 때 결과가 다르게 나타나는 것처럼 말이죠. 공부도 마찬가지입니다. 자기주도학습을 하면 스스로 하려고 하는 의지와 책임감을 가지고 공부하기 때문에 어른들의 간섭에 못 이겨 억지로 공부하는 것과는 큰 차이가 날 수밖에 없지요. 그런데 학원에 다니게 되면 자기주도적인 학습 태도를 기를 수 없습니다. 학원의 계획과 시간표에 따라 공부하고 학원에서 가르치는 대로만 따라가게 되기 때문입니다.

학원 다니는 것에 길들여진 학생들은 어떤 과목부터 공부해야 할지, 얼마만큼 시간을 나누어 공부해야 할지를 스스로 결정하는 데 어려움을 느끼고, 학원에서 나눠 준 요점 정리 프린트물 같은 것이 없

으면 어떤 내용을 공부해야 할지 스스로 판단하지 못합니다. 스스로 공부하는 능력이 길러지지 않은 탓입니다. 공부는 결국 자기 스스로의 힘으로 하는 것인데 학원에 길들여지면 스스로 공부하는 법을 배울 수 없기 때문에 학원에 다니지 말아야 합니다.

학원은 엄청난 스트레스를 줘

지난 2011년 UN아동권리위원회는 "어린이청소년인권에 관한 국제 협약에 따라 여가, 문화, 오락 활동에 대한 아동의 권리를 보장하라."라고 우리나라에 권고했습니다. 아이들이 충분히 쉬고 놀아야 하는 것은 당연한 일이자 인간의 기본적인 욕구인데 우리나라 어린이들이 이 부분을 보장받지 못하고 있다는 것입니다. 우리나라 어린이들의 놀 권리가 지켜지지 않는 까닭은 무엇일까요? 바로 사교육 때문입니다.

실제로 통계청에서 발표한 '2014년 생활시간 조사' 결과를 보면 초등학생부터 고등학생까지 우리나라 학생들은 주당 10시간 이상을 사교육을 받는 데 보내고 있습니다. 초등학생의 하루 평균 학습 시간은 5시간 23분으로 4시간 10분인 대학생보다도 한 시간 이상 많았고, 평일 취침 시간은 초등학생이 오후 10시 40분으로 어린이 10명 중 1명은 오후 10시 이후에도 학원이나 과외 수업을 받는 것으로 조사되었지요. 충분히 놀고 쉬며 건강하게 성장해야 할 어린 학생들이 학원

에 다니느라 밤늦게까지 시달리고 있는 것입니다.

　학원에 다니게 되면 학원에서 수업을 듣는 것으로만 끝나지 않습니다. 학원에서도 학교와 마찬가지로 학생들에게 과제를 내주고 시험을 보기 때문에 학생들은 과제와 시험으로 인한 스트레스를 학교와 학원 양쪽에서 받고 있는 것입니다. 어디 그뿐인가요? 가기 싫은 학원에 억지로 보내는 부모와의 갈등으로 학생들은 더 심한 스트레스를 받고 있습니다. 이렇듯 심한 스트레스를 주는 학원에 꼭 다녀야 할 필요가 있을까요?

학원에 다니는 데 돈이 너무 많이 들어

우리나라 사교육비 지출 규모는 세계 1위입니다. 학교 교육의 질을 높이기 위한 공교육 투자 비용은 OECD 회원국 평균의 70% 수준인 데 비해 사교육에 들어가는 돈은 OECD 평균의 3배나 되지요. 그렇다면 실제로 각 가정에서 사교육비로 나가는 돈은 얼마나 될까요? 통계청의 조사에 따르면 2014년 우리나라 사교육비 총액은 약 18조 2천억 원이라고 합니다.

	2012년	2013년	2014년
초·중·고 사교육비 총액	190,395억 원	185,960억 원	182,297억 원
학생 1인당 월 평균 사교육비	23만 6천 원	23만 9천 원	24만 2천 원
참여 학생 1인당 월 평균 사교육비	34만 원	34만 7천 원	35만 2천 원

출처: 통계청(2014)

이 수치도 학생 수가 감소하는 바람에 약간 줄어든 것으로, 실제로는 그보다 클 뿐 아니라 현재 사교육을 받는 학생들만을 대상으로 할 경우 각 가정에서 느끼는 사교육비 부담은 훨씬 더 늘어난다고 해요. 실제로 한 달에 백만 원이 넘는 돈을 사교육비로 쓴다는 신문 기사도 종종 눈에 띕니다. 문제는 이처럼 지나친 사교육비가 가정경제를 휘청거리게 하고 부모의 노후 생활을 불안하게 만들며, 교육비를 감당할 자신이 없어 출산을 포기하는 저출산 현상을 일으키는 등 사회문제로까지 발전하게 된다는 것입니다. 이런 부담을 짊어지면서까지 학원에 다녀야 할 필요가 있을까요?

학원에 다닌다고 성적이 오르는 것은 아니야

많은 비용과 스트레스에도 불구하고 학원에 가면 성적이 오르기 때문에 학원을 다녀야 한다고 주장하는 사람들이 있습니다. 그런데 학원에 다니면 정말 공부를 잘하게 될까요? 결론부터 말하면 그렇지 않습니다.

한국교육개발원에서 2013년에 중학교 2학년 학생들을 대상으로 사교육을 받은 것이 1년 뒤 성적에 얼마나 영향을 미치는지를 조사한 일이 있습니다. 그 조사 결과에 따르면 국어는 성적에 미치는 영

향이 전혀 없었고, 영어와 수학은 성적이 조금씩 오르긴 했지만 그 정도가 눈에 띄지 않을 만큼 매우 작다고 해요. 또 2004년에 김태일 고려대학교 교수가 발표한 「사교육의 효과, 수요 및 그 영향 요인에 관한 연구」라는 논문을 보면 사교육을 받지 않은 집단이 사교육을 받은 집단에 비해 내신 성적, 수능 성적, 대학 학점 등 모든 영역에서 더 높은 점수를 받은 것으로 조사되기도 했고요. 사교육을 받는 것이 성적에 미치는 영향은 실제로 없는 것이지요.

학원에 다니면 성적이 오른다는 주장과 달리 오히려 성적이 더 떨어지기도 합니다. 그 이유는 학원의 교육 방법 때문이에요. 학원은 학교 교과 진도보다 미리 가르치고 문제풀이 위주의 학습을 시킵니다. 원리나 개념을 이해시키기보다 빠른 시간 안에 시험 점수를 올려줄 수 있는 문제풀이에만 관심을 쏟다 보니 학원 공부에 익숙해진 학생들은 결국 문제풀이 요령만 생겨서 차근차근 단계를 밟아 많은 생각을 해야 하는 응용문제는 힘들어하고 학년이 올라갈수록 깊은 생각을 묻는 문제는 해결하지 못하는 경우가 많습니다. 더 큰 문제는 학원에서 미리 배우고 학교 수업을 듣는 학생들의 대부분이 정확히 모르면서도 안다고 생각을 하거나 이미 알고 있는 내용이라며 더 이상 배우려고 하지 않는 것입니다. 학원에 다닌다고 성적이 오르는 것은 아닙니다. 그러므로 학생들은 학원에 다닐 필요가 없습니다.

주장 펼치기

찬성 공부를 잘하려면 학원에 다녀야 해. 많은 사람들이 학원에 다니는 이유는 학원이 실제로 성적을 올려 주기 때문이야. 학원에 가면 학교 공부만으로 부족한 부분을 보충할 수 있는 데다 학원에서 미리 배우고 학교에 가서 한 번 더 공부하기 때문에 훨씬 더 많은 양을 공부할 수 있어. 게다가 전문가로부터 효과적인 공부 기술을 배울 수 있으니까 성적이 올라갈 수밖에 없지.

반론하기

반대 물론 학원에 다닌 뒤에 성적이 올라갈 수는 있어. 하지만 그건 시험을 앞두고 문제풀이를 많이 하기 때문에 나타나는 일시적인 효과일 뿐이야. 학원에 계속 다니면 오히려 성적이 더 떨어지는 경우도 많아. 공부를 잘하려면 복습이 중요한데 학원에서 학교 교과 진도를 미리 배우기 때문에 다 안다는 생각에 학교 공부를 소홀히 하게 되는 데다 개념이나 원리를 이해하는 공부를 하는 대신 답을 찾는 요령만 생겨서 실력이 늘지 않거든.

주장 펼치기

무엇보다 학원에 다니면 스스로 공부하는 방법을 배울 수가 없어. 누군가로부터 도움을 받는다고 해도 공부는 결국 자기 스스로 하는 거야. 그런데 학원에 다니면 학원의 공부 방법과 계획표대로만 따라가게 되기 때문에 스스로 학습 목표를 세우고 실천하는 자기 주도적 학습 태도를 기를 수가 없어.

찬성 학원에 다니면 스스로 공부하는 방법을 배울 수가 없다고? 하지만 처음부터 스스로 알아서 자기 힘만으로 공부를 하는 사람이 과연 있을까? 학교에서는 학교 선생님께, 학원에서는 학원 선생님께 공부하는 법을 배우는 거지. 게다가 학원에서는 전문가가 맞춤 수업을 통해 도움을 주기 때문에 학생 수가 많은 학교보다 훨씬 더 효과적으로 공부하는 방법을 익힐 수 있어.

학원은 다녀야 해. 학원이 성적 향상에 도움이 된다는 것은 명문대 합격률만 봐도 알 수 있어. 학원이 많은 지역의 학생들이 명문대에 더 많이 합격하는 건 실제로 학원이 성적을 올려 주기 때문이야. 다양한 수준의 학생들이 모여 있는 학교에서 자기가 원하는 공부를 하기는 현실적으로 어렵지. 하지만 학원에 가면 맞춤식 수업을 통해 내 수준에 딱 맞는 공부를 할 수 있고, 필요한 과목만 선택해서 집중적으로 공부할 수 있어서 성적 향상에 큰 도움이 돼.

반대 학원에 다니지 말아야 해. 학원이 성적을 올려 준다는 건 근거가 부족해. 사교육의 효과를 연구한 논문에 따르면 사교육을 받지 않은 학생들이 사교육을 받은 학생들보다 내신 성적, 수능 성적, 대학 학점이 다 높았다고 해. 그리고 학원 때문에 학생들이 받는 스트레스가 너무 커. 어린 학생들은 밤늦게까지 잠도 못 자고 학원 숙제에 매달리는 게 과연 바람직한 현상일까?

생각더하기

1. 두 글에서 주장의 근거를 찾아 각각 요약해 봅시다.

"학원에 다녀야 할까?"

	그렇다(찬성)	아니다(반대)
근거		

2. "학원에 다녀야 한다."라는 주장에 대해 여러분은 찬성하나요, 반대하나요? 책에 나와 있는 내용 외에 주장을 뒷받침할 수 있는 근거를 더 찾아봅시다. 상대편의 주장을 어떻게 반박할지도 생각해 봅시다.

3. 여러분은 학원에 다니지 않고도 방과 후 시간을 알차게 보낼 수 있나요? 스스로 생활 계획표를 짜 보고, 학원에 다니라고 강요하는 부모님을 설득하는 글을 써 봅시다.

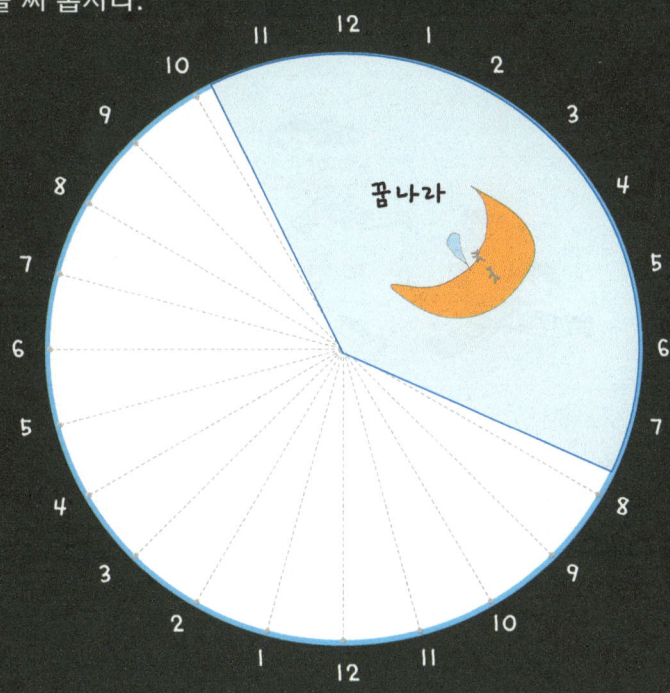

부모님께
_____

_____ 올림

초등학생이 이성을 사귀어도 될까?

"

그래!
초등학생도 이성을 사귀어도 돼

아니야!
초등학생은 이성을 사귀면 안 돼

"

생각 열기

"7시가 다 되어 가는데 너희 언니가 왜 안 오지?"
해가 뉘엿뉘엿 지기 시작하자 엄마는 걱정하며 말씀하셨어요.
"학원 끝나고 남자 친구 잠깐 만나고 온댔어요."
"내일 학교에서 만나면 되지. 요즘 세상이 얼마나 험한데……."
"오늘 100일이래요. 기념 파티라도 하나 보죠, 뭐."
때마침 나짝꿍이 집으로 돌아왔습니다.
"짝꿍아, 뭐 하느라 이렇게 늦게 왔니? 얼른 와서 밥 먹어라."
"네, 잠깐만요."
엄마에게 대충 대답을 하고 나짝꿍은 서둘러 동생 나혼자를 데리고 방으로 들어갔습니다.
"뭐 신나는 일이라도 있었어? 얼굴이 완전 싱글벙글이네?"
"짜잔~ 예쁘지? 남친이 100일 기념으로 사 준 거야."
나짝꿍은 동생 나혼자에게 남자 친구가 선물한 반지를 보여 주며 자랑을 했어요. 나혼자가 보기에도 무척 예뻐 보였어요. 남자 친구에게 저런 선물을 받으면 어떤 기분일지 궁금하기도 했고요.
"부럽지? 부러우면 너도 남자 친구 만들어. 남친이 있어야 이런 것도 받는 거야."
나짝꿍이 약 올리듯 말했어요.
"됐거든. 엄마 걱정시키지 말고 일찍 좀 다녀."
나혼자는 부러워하고 있는 모습을 언니에게 들킬까 봐 서둘러 방에서 나오며 생각했어요.

'그래도 초등학생이 이성 교제를 하는 것은 너무 빨라. 난 좀 더 커서 남자 친구를 사귈 거야.'

1. 나짝꿍과 나혼자의 대화에서 더 공감이 가는 것은 누구의 말인가요?

2. 이와 비슷한 경험이나 생각을 해 본 적이 있나요? 그렇다면 언제 그랬는지 말해 봅시다.

"그래, 초등학생도 이성을 사귀어도 돼"

이성에 대한 관심은 자연스러운 성장의 과정이야

아직 어리다는 이유로 초등학생의 이성 교제를 반대하는 어른들이 있습니다. 그러나 이성에 대한 관심은 성장 과정에서 자연스럽게 나타나는 것이기 때문에 이를 강제로 막아서는 안 됩니다.

과거에도 10대의 이성 교제는 일반적이었습니다. 문학 작품 속 이야기이긴 하지만 우리나라의 대표적인 고전소설 『춘향전』에 나오는 성춘향의 나이는 열여섯 살이었고, 셰익스피어의 유명한 희곡 『로미오와 줄리엣』의 여주인공인 줄리엣의 나이도 불과 열세 살이었으니까요. 요즘은 그 시기가 좀 더 앞당겨져 초등학생의 이성 교제는 이제

더 이상 낯선 풍경이 아닙니다. 실제로 2015년에 초등학교 4~6학년 생을 대상으로 초록우산어린이재단에서 실시한 설문 조사에 따르면 응답자 4~5명 중 1명이 이성 교제를 해 본 적이 있다고 답을 했고요.

이성 교제 시기가 10대 초반으로 앞당겨진 것은 초등학생들의 신체적 성숙이 빨라진 것이 주요 원인입니다. 보통 12~13세에 시작되는 사춘기는 육체적·정신적으로 부쩍 성숙해지는 시기입니다. 이 시기에는 남자는 남자답고 여자는 더 여자다워지는 2차 성징을 겪게 되면서 이성과 가까이 하고 싶은 욕구가 생겨나지요. 따라서 사춘기에 접어든 초등학생들이 이성 친구에게 관심을 가지고 고민하며 이성 교제를 하고 싶어 하는 것은 성장하는 과정에서 겪게 되는 지극히 자연스러운 일이라고 할 수 있습니다.

이처럼 본능에 가까운 자연스러운 일을 강제로 막는다면 어떻게 될까요? 정신분석학자 프로이드는 11세 전후의 아동에게는 이성에 대한 열망과 호르몬의 변화가 나타나 성인과 마찬가지의 성적인 에너지가 발휘되는데, 이 에너지가 원만하게 해결되지 않을 경우 성격 발달에 나쁜 영향을 끼친다고 주장합니다.

어리다는 이유로 이성 교제를 무조건 반대하는 것은 오히려 부작용을 가져올 수 있습니다. 어른들이 강압적으로 이성 친구와의 만남을 가로막는다면 반항심이 생겨 더 엇나가거나 이성 교제 사실을 숨기면서 부모님이나 선생님을 멀리할 수 있지요. 오히려 이성 친구와 사귀는 것을 허락하고 솔직하게 이야기할 수 있는 분위기를 만들어 준 다음 이성 교제를 할 때 주의할 부분에 대해 알려 주는 것이 더 도움이 될 것입니다.

이성 교제는 개인의 자유야

10대의 이성 교제는 이제 더 이상 낯선 모습이 아닙니다. 예전에는 이성 교제를 하더라도 부모님 몰래 만나는 친구들이 많았지만 요즘은 어린 학생들이 거리에서 당당하게 데이트를 즐기는 모습을 어렵지 않게 발견할 수 있습니다.

그렇다면 초등학생들은 이성 교제에 대해 어떻게 생각하고 있을까요? 2013년에 '초등학생의 이성 교제에 대해 어떻게 생각하나요?'라는 설문을 진행한 결과 어린이 10명 가운데 6명꼴로 '어려도 이성을 사귈 수 있다'고 답했습니다. 그런데 이런 현실과 달리 이성 교제를 못하도록 아예 교칙으로 정해 놓은 학교가 많습니다. 2010년 청소년 인권 단체인 '아수나로'의 조사에 따르면 전국 354개 중·고등학교 가운데 81%의 학교가 학생들의 이성 교제나 신체 접촉을 금지하는 교칙을 두고 있는 것으로 나타났어요. 아수나로 관계자는 이러한 규정이 학생들의 자유를 침해하는 것이며, 인권에 기반을 둔 성교육이 필요하다고 지적했지요.

인권이란 인간으로서 당연히 누려야 할 권리, 다른 누군가로부터 침해당하지 않을 권리라는 뜻입니다. 자유로울 권리, 차별받지 않을 권리 등이 여기에 포함되지요. 이성 교제를 하거나 하지 않는 것 역시 개인이 마음대로 결정할 문제이기 때문에 이성 교제를 금지하는 것은 자유로울 권리, 즉 인권을 침해하는 것입니다. 국가인권위원

자기결정권
대한민국 헌법에서 보장하는 권리로 국가권력의 간섭 없이 개인적 사항에 관하여 스스로 결정할 수 있는 권리를 말해요. 그 안에는 자기 삶을 마음대로 결정할 권리도 포함되어 있어요. 예를 들어 나체로 거리에서 다니는 것은 법을 어기는 행동이지만 찢어진 청바지를 입는 것은 개인의 자유예요.

회 관계자도 이성 교제를 지나치게 규제하는 일부 학칙에 대해서는 "자기결정권 침해에 해당할 수 있으며 인권위 조사 대상"이라고 했습니다. 자기결정권이란 국가의 간섭 없이 개인이 스스로 결정할 수 있는 권리를 말해요. 그러니까 이성 교제를 금지하는 것은 법에 어긋나는 일이기도 한 것입니다.

현대사회는 개인의 권리를 최대한 존중하며 각자가 자신의 행복을 추구할 자유를 인정합니다. 초등학생 역시 자유를 누릴 권리가 있는 한 사람이고, 이성 교제는 개인이 자신의 뜻대로 선택할 수 있는 자유이기에 이성 교제를 금지하는 것은 옳지 않습니다.

바람직한 이성관을 가질 수 있어

미국에서 출간된 베스트셀러 『화성에서 온 남자, 금성에서 온 여자』라는 책에서는 남자와 여자를 화성과 금성이라는 서로 다른 행성에서 온 존재라고 이야기합니다. 남자와 여자의 언어 사용이나 생각의 방식에 큰 차이가 있기 때문에 각기 다른 행성에서 온 존재라고 본 것이지요. 이 책의 저자는 남녀가 함께 잘 지내기 위해서는 서로의 차이에 대한 이해가 반드시 필요하다고 말합니다.

성별의 차이 때문에 문제가 생기는 경우는 우리 주변에서도 쉽게 찾을 수 있습니다. 힘이 약하다는 이유로 여자를 무시하는 남자가 있는가 하면, 남자는 무조건 단순하다고만 생각하는 여자들도 있지요. 대화하는 방식도 서로 달라서 상대방의 속뜻을 이해하지 못해 종종 싸우기도 하고요. 이성 교제는 이러한 남녀 간의 차이를 학습할 수 있는 좋은 기회입니다. 이성 교제를 하는 과정에서 자신과 다른 이성의 특성을 이해할 수 있게 되고, 이성과 대화를 나누고 의견을 나누는 방법을 알게 되기 때문이지요.

이성 교제를 하면 이성에 대한 이해뿐 아니라 자신에 대한 이해도 깊어집니다. 이성 친구는 동성 친구와 달라서 서로에게 깊이 몰두하게 되기 때문에 자신의 말과 행동이 상대방에게 어떤 영향을 미치는지 신경을 쓰게 되고, 상대방의 반응을 통해 자신의 장단점도 알게 됩니다. 또 이성 친구와 만나는 것이 자기 자신에 대해 긍정적으로 느끼게 한다는 연구 결과도 많습니다. 누군가가 자신을 좋아해 주고 관심을 기울여 준다면 자기 스스로도 자신을 더 긍정적으로 생각하게 되는 것이 당연하겠지요.

어린 시절의 이성 교제는 훗날 성인이 되어서 만나는 이성과의 관계나 배우자 선택에도 좋은 영향을 미칠 수 있습니다. 2002년 독일에서 이루어진 연구에 의하면 어린 시절에 이성과 매우 친밀한 관계를 맺은 경험이 있는 사람이 나중에 성인이 되어서도 상대방에게 헌신

하면서 안정적인 관계를 유지할 가능성이 더 높았다고 해요.

2013년 한국직업사전에는 연애 코치라는 직업이 등록되었습니다. 연애 코치란 이성 교제에 어려움을 겪는 사람들을 대상으로 이성 교제 방법 등을 상담하고 강의하는 직업이에요. 이런 직업이 있다는 것은 그만큼 이성 교제에 어려움을 느끼는 사람들이 많다는 것을 의미합니다. 따라서 초등학생의 이성 교제를 막으려고만 할 것이 아니라 오히려 권장함으로써 바람직한 이성관을 형성할 수 있도록 도와야 합니다.

이성 교제를 통해 보다 건강한 성에 다가갈 수 있어

어른들이 초등학생의 이성 교제에서 가장 신경을 쓰는 부분은 아마도 성 문제일 것입니다. 이성 친구를 사귀는 과정에서 자칫 일어날 수도 있는 성 문제 때문에 마음을 놓지 못하는 것이지요. 하지만 초등학생들이 이성 친구와 사귀면서 경험하는 신체 접촉은 어른들이 불안해 할 만한 수준이 결코 아닙니다. 2015년에 초록어린이재단에서 초등학생 이성 교제 실태 조사를 한 결과 초등학생들이 이성 교제 중에 경험한 신체 접촉에는 손잡기(33%)가 가장 많았고, 나머지도 어깨동무(22%) 등 가벼운 신체 접촉뿐이었다고 해요. 물론 초등학생 전체를 대상으로 한 것이 아니었기 때문에 안심할 수 없다고 말할 수도 있겠지만 어쩌다 일어나는 일을 핑계 삼아 초등학생들의 이성 교

제를 반대하는 것은 그야말로 '구더기 무서워서 장 못 담그는 격' 아닐까요?

　10대의 성 문제는 이성 교제 때문에 생겨나는 것이 아니라 사회적인 문제와 잘못된 성교육에 그 원인이 있습니다. 우리나라는 드러내 놓고 성 문제를 이야기하는 것을 부끄럽게 여기는 문화 때문에 청소년들에게 제대로 된 성교육을 시키지 않고 있거든요. 성은 자연스럽고 밝고 즐거운 것인데 꽁꽁 싸매서 감추는 바람에 오히려 보이지 않는 곳에서 어둡고 그릇된 성 관념을 쌓아가는 경우가 더 많지요. 요즘 들어 점점 늘고 있는 데이트 폭력이 그 결과라고 할 수 있습니다.

　최근 이성 교제 중에 폭력을 경험하는 사람들이 많다고 해요. 화를 낼 것처럼 해서 데이트 요청을 거부하지 못하게 하는 등의 감정 폭력에서부터 성적 폭력 등에 이르기까지 데이트 폭력의 종류는 매우 다양합니다. 문제는 이런 상태가 사랑인지 폭력인지조차 구분하지 못할 만큼 이성과의 관계 맺기에 서투른 사람들이 너무나 많다는 거예요.

『스무 살 전에 알아야 할 성 이야기』를 쓴 성 과학자 앤 마를레네 헤닝은 이 책에서 "성적 흥분은 선천적이지만 성은 학습된다."라는 말로 성 역시 악기를 배우듯 학습할 수 있다고 주장합니다. 이성 교제를 통해 성을 자연스럽게 경험한 사람과 '야동' 같은 불법 동영상 등을 통해 성을 경험한 사람 중에 어느 쪽이 더 건강한 성을 학습할 수 있을까요?

마음에 드는 이성을 만나 소중한 감정을 나누고 정서적 친밀감을 쌓아 나가는 과정은 삶이 주는 가장 큰 선물이자 즐거움입니다. 자연스럽고 개방적인 분위기에서 이성 교제를 하도록 돕고 대화를 통해 성에 대해 자유롭게 토론하는 문화를 만들어 간다면 보다 건강한 성을 즐길 수 있지 않을까요?

"아니야, 초등학생은 이성을 사귀면 안 돼"

친구를 골고루 사귀는 데 방해가 돼

초등학생 때는 많은 친구를 사귀어 보는 경험이 매우 중요합니다. 어릴 때 만나는 사람들은 한 사람의 성격을 결정짓는 데 커다란 영향을 주기 때문입니다. 그런데 친구를 빼면 초등학생이 다양한 사람들과 친밀한 사이가 되는 일은 그리 많지 않습니다. 고작해야 가족과 친척 정도가 인간관계의 전부인 셈이지요. 초등학생들은 다양한 친구들을 사귀면서 이런 성격의 친구는 이런 장점과 단점이, 저런 성격의 친구는 저런 장점과 단점이 있다는 것을 자연스럽게 알게 됩니다. 그리고 이렇게 다양한 성격을 경험하는 사이 친구들이 지닌 좋은 점을 자연스럽게 배우게 되어 더 성숙한 인간으로 자라날 수 있지요. 그런데 이성 교제를 하면 친구를 골고루 사귀는 데 방해가 되기 때문에 초등학생의 이성 교제는 바람직하지 않습니다.

이성 친구를 사귀는 게 다른 친구를 만나는 데 왜 방해가 되는 걸까요? 일단 이성 교제를 하게 되면 둘이 보내는 시간이 많아지기 때문에 다른 친구를 만날 시간이 부족합니다. 단순히 만나는 시간만 뺏기는 것이 아닙니다. 이성 친구가 생기면 그 친구에게 더 잘 보이기 위해서 열심히 외모를 가꾸게 되지요. 그런데 외모를 가꾸려면 옷도 사야 하고 헤어스타일에도 신경을 쓰는 등 시간이 많이 듭니다. 뿐만 아니라 외모를 가꾸고 이성 친구와 데이트를 하다 보면 당연히 지출이 늘어나게 되지요. 그러다 보면 이성 친구가 아닌 다른 친구들과는 만날 시간도, 만나서 쓸 용돈도 부족하게 됩니다.

또 둘이 보내는 시간이 많아지면서 다른 친구들과 점점 멀어지는 경우도 많습니다. 가장 큰 문제는 질투심이에요. 사람은 누구나 나의 이성 친구가 나에게만 잘 해 주기를 바랍니다. 그러다 보면 나의 동성 친구가 나의 이성 친구와 친하게 지내면 질투를 느끼게 되고, 그로 인해 신경이 예민해지거나 싸우게 되는 등 감정 조절이 잘 되지 않습니다. 또 친했던 동성 친구와 사이가 나빠지기도 하지요. 이처럼 이성 친구를 사귀면 친구를 골고루 사귀는 데 방해가 되기 때문에 초등학생이 이성 친구를 사귀는 것은 바람직하지 않습니다.

성적인 문제를 초등학생이 책임지기 어려워

이성 친구를 사귀면서 생길 수 있는 문제 중에 가장 심각한 것은 성적인 문제입니다. 초등학생에게 성 문제를 이야기하는 것이 어울리지 않는다고 생각하는 친구들도 있을 거예요. 그러나 통계 자료를 보면 그렇지 않다는 것을 알 수 있습니다.

여성가족부의 2011년도 청소년 유해 환경 접촉 종합 실태 조사 결과를 보면 전체 청소년들 중 3.1%가 성관계 경험이 있고, 그중 10살 이하의 학생들이 17.3%나 되는 것으로 나타났습니다. 이러한 통계는 초등학생들도 성적인 문제로부터 자유롭지 않다는 것을 보여 줍니다. 이 통계에서 '자신의 첫 성관계 상대는 누구인가요?'라는 질문에 대해 청소년들은 다음과 같이 응답하였습니다.

첫 성관계 상대	이성 친구	본인보다 나이 많은 선배	어른	본인보다 나이 어린 후배
비율	70.4%	11.3%	10.9%	7.4%

출처:여성가족부(2011)

조사 결과 첫 성관계 상대를 '이성 친구'라고 응답한 학생이 전체의 70.4%나 되었지요. 그런데도 초등학생의 이성 교제는 성적인 문제와 상관없는 일이라고 단정할 수 있을까요?

이성 친구와 친밀해지면 신체적으로 접촉하고 싶은 욕구가 생겨납니다. 처음에는 손을 잡거나 어깨동무를 하는 등 가벼운 스킨십으로 출발하지만 시간이 지날수록 성에 대한 호기심과 함께 성적 욕구도 증가하게 되지요. 특히 사춘기에 접어든 남자의 경우 테스토스테론이라는 남성 호르몬이 여성 호르몬의 20배 이상 나오기 때문에 성적 충동을 강하게 느끼거나 공격적인 모습을 보이기도 합니다. 문제는 충분히 준비되지 않은 상태에서 갖는 이러한 성 경험이 심각한 후유증을 남긴다는 것입니다. 청소년사이버상담센터에서 2012년에서 2013년에 이르기까지 청소년들을 상담한 자료를 살펴보면 이성 교제 중에 신중하지 않거나 존중받지 못한 상태에서 성 경험을 한 많은 청소년들이 이성과 헤어지고 난 뒤 심한 부끄러움과

후회로 힘들어한다는 걸 알 수 있습니다.

이런 일이 일어나면 주변에 있는 어른들이나 관련 기관을 통해 상담을 받는 것이 도움이 되지만 실제로는 문제가 심각할수록 혼자 끙끙대며 고민하다가 일을 더 크게 만드는 경우가 많지요. 이성 문제, 특히 성적인 문제는 폭력으로도 이어질 만큼 위험한 요소를 지니고 있습니다. 그런데 이런 문제가 생겼을 때 과연 초등학생이 잘 해결해 나갈 수 있을까요? 초등학생은 이성 교제 중에 일어나는 성적인 문제를 스스로 책임질 수 없으므로 이성과 사귀는 것은 좀 더 성숙한 다음에 하는 것이 좋습니다.

마음에 상처를 입을 수 있어

이성 교제를 하다가 헤어지게 되면 친밀감이 강했던 만큼 마음에 상처를 입기 쉽습니다. 이성 교제를 하다 보면 지금 만나는 이성 친구가 앞으로도 계속 나만을 좋아할 것이라고 착각을 하기도 합니다. 하지만 변함없이 지속되는 사랑은 없습니다. 더구나 아직 성장기에 있는 초등학생은 이성이나 사랑에 대한 가치관이 충분히 형성되지 않았기 때문에 변화가 더 자주, 또 쉽게 찾아옵니다. 부천의 중학교에서 상담 교사를 하고 있는 이지은 선생님은 초등학생들이 이성 교제를 하는 기간은 보통 길어야 6개월, 요즘은 더 빨라져 한 달 만에 이별을 경험하는 경우도 많다고 말합니다. 멋져 보였던 이성 친구가

어느 순간 싫어지는 것은 드문 일이 아닙니다. 문제는 그때 상대방이 받게 될 마음의 상처예요. 좋아하던 사람으로부터 받은 상처는 더 마음이 아픈 법입니다.

실제로 2001년 미국에서 이루어진 연구에 따르면 이성 교제 후의 이별이 청소년 우울과 자살 시도의 가장 큰 요인인 것으로 드러났습니다. 또 한국청소년상담복지개발원의 2013 연구 보고서에도 이성과의 이별 후 "감정적으로 둔감한 상태, 우울과 큰 슬픔, 허전함과 막막함, 이성 친구가 계속 생각남, 혼자 울거나 하루 종일 누워 있음, 잠을 잘 못 잠, 음식을 잘 먹지 못함" 등의 여러 가지 후유증을 호소하는 청소년들이 많은 것으로 드러났지요.

실연의 아픔은 성인이 된 뒤에도 경험합니다. 그러나 초등학생들은 그런 일을 경험한 적이 없기 때문에 성인들보다 훨씬 크게 상처를 받을 수 있습니다. 이성과 만나고 헤어지는 경험을 통해 마음의 키가 자랄 수도 있겠지만 자존감을 잃고 열등감에 사로잡히거나 다른 이성과 만나는 것을 두려워하게 될 수도 있지요. 이런 일을 굳이 서둘러서 일찍 경험할 필요가 있을까요? 몸과 마음이 더 성숙되어 상처를 받더라도 스스로 이겨 낼 수 있을 때까지는 이성 친구를 사귀지 않는 것이 좋습니다.

이성에 대한 잘못된 선입견을 갖게 될 수 있어

첫 경험은 무척 중요합니다. 어떤 일의 기준이 되기 때문이지요. 이성 교제도 마찬가지입니다. 초등학생 시절의 성급한 이성 교제는 이성에 대해 그릇된 생각을 심어 줄 수 있습니다. 특히 어릴 때 처음으로 사귄 이성 친구에게서 깊은 상처를 받은 사람은 어른이 되어서도 이성을 두려워하거나 자신에게 상처를 주는 존재라고 생각하기 쉽지요. 이런 경험은 훗날 배우자를 선택하거나 원만한 대인 관계를 맺는 데 좋지 않은 영향을 끼치기 때문에 이성 교제를 서두를 필요가 없습니다.

초등학생의 이성 교제를 긍정적으로 바라보는 사람들은 어린 시절의 이성 교제가 바람직한 이성관을 형성하는 데 도움을 준다고 주장합니다. 하지만 바람직한 이성관은 한두 명의 이성과 사귄다고 해서 얻어지는 게 아닙니다. 주변에서 많은 이야기를 듣고 관찰하고 부덮치는 과정에서 조금씩 쌓아 나가는 것이지요. 오히려 한두 명의 이성 친구와 사귀어 보고는 마치 자신의 경험이 전부인 양 '모든 남자는(또는 모든 여자는) 이렇구나.'라는 잘못된 판단을 할 수도 있습니다. 경험을 통해 성숙해지는 것이 아니라 오히려 좁은 틀에 갇혀 그릇된 이성관을 갖게 될 수도 있다는 것이지요. 그럼 어떻게 해야 바람직한 이성관을 갖게 될까요?

2013년에 영국 일간지 〈텔레그라프〉(2013.8.17)에 언니가 있으면 이성 관계가 '건전'해진다는 흥미로운 연구 결과가 실린 적이 있었습니다. 이 연구는 미국 미주리 대학교의 사라 킬로렌 교수가 발표했는

데, 연구 결과에 따르면 언니가 있는 청소년은 언니로부터 이성과의 관계에 대해 많은 이야기를 들을 수 있어 이성 교제를 할 때 훨씬 '현명한' 선택을 한다고 해요. 이 연구 결과가 의미하는 것은 무엇일까요? 이성에 대해 잘 모르는 상태에서 이성 교제를 하는 것보다는 이성의 특성에 대해 어느 정도 알고 시작하는 것이 도움이 된다는 뜻 아닐까요? 한두 사람의 이성 친구와 깊은 관계를 맺는 대신 여러 이성 친구들과 어울려 지내며 이성에 대해 서서히 알아 간 다음 본격적인 이성 교제는 그 뒤에 해도 충분합니다.

초등학생 시기는 다양한 이성 친구들을 동성 친구처럼 사귈 수 있는 소중한 시기입니다. 한 명의 이성 친구와 깊은 관계를 맺기보다는 다양한 이성 친구들과 함께 어울려 지내는 것이 오히려 바람직한 이성관을 형성하는 데에도 더 큰 도움이 될 것입니다. 초등학생의 이성 교제는 이성에 대해 잘못된 생각을 갖게 할 수 있으므로 하지 않는 것이 좋습니다.

찬성 초등학생도 이성을 사귀어도 돼. 어릴 때 이성 교제는 바람직한 이성관을 형성하는 데에도 도움이 돼. 사회는 남녀로 이루어져 있기 때문에 이성과 관계 맺기를 잘 못하면 손해를 보기도 해. 그런데 어릴 때 이성 교제를 하면 남녀 간의 차이에 대해 자연스럽게 학습하게 되므로 이성과의 마찰을 줄일 수 있어. 또 어릴 때 이성과 친밀한 관계를 맺은 경험이 있는 사람이 훗날 다른 이성이나 배우자와 안정적인 관계를 유지할 가능성이 높다는 연구 결과도 있어.

반대 물론 이성 교제를 통해 남녀 간의 차이에 대해 알 수는 있어. 하지만 이성의 특성을 알게 되는 것이 바람직한 이성관을 형성해 준다는 보장은 없어. 오히려 이성 친구와 싸우거나 헤어지는 과정에서 마음의 상처를 크게 입으면 이성에 대한 안 좋은 선입견만 갖게 될 수도 있어.

초등학생은 아직 어리기 때문에 이성 교제를 하는 과정에서 생기는 갈등이나 문제를 감당하기가 힘들어. 이성과 사귀게 되면 동성 친구들보다 상대방에게 집중하는 정도가 훨씬 커서 집착과 질투 같은 감정이 생겨나기 쉽고, 헤어지면 마음의 상처도 커. 아직 어린 초등학생이 이런 감정에 적절히 대처하기는 어렵지 않을까? 초등학생은 이성을 사귀어선 안 돼.

찬성 초등학생이 이성 교제를 하기에 너무 어리다고 생각하는 것은 어른들의 선입견일 뿐이야. 요즘에는 초등학생 시기에 사춘기가 시작되는데 사춘기에 이성에 대한 관심이 많아지는 것은 자연스러운 일이야. 그리고 과거에도 십 대의 이성 교제는 흔한 일이었어.

이성에 대한 관심은 성장하는 과정에서 나타나는 자연스러운 본능이야. 그걸 억지로 막으려 들면 반항을 하거나 어른들 몰래 만나는 등 오히려 부작용이 더 커질 수도 있어. 초등학생 시기에 이성 교제를 하면 어른이 되어 안정적으로 이성을 사귀는 데 도움이 될 수 있어. 게다가 이성 교제는 개인의 자유이기 때문에 어떤 이유로든 강제로 막아서는 안 돼. 초등학생도 개인의 자유를 누릴 권리가 있어. 따라서 초등학생도 이성과 사귈 수 있어.

반대 초등학생은 아직 어리기 때문에 이성 교제보다는 다양한 친구를 만나면서 이성 친구도 동성처럼 사귀는 것이 더 바람직해. 무엇보다 이성 교제 중에 일어나는 성적인 문제를 초등학생이 책임질 수는 없잖아? 이성 친구와 사귀다 보면 성적 호기심에 의한 신체 접촉이 있기 마련이야. 이성 교제는 성적인 문제가 생겨도 스스로 책임을 질 수 있을 만큼 성숙한 다음에 하는 것이 옳다고 생각해.

생각더하기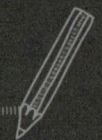

1. 두 글에서 주장의 근거를 찾아 각각 요약해 봅시다.

"초등학생이 이성을 사귀어도 될까?"

	그렇다(찬성)	아니다(반대)
근거		

2. "초등학생도 이성을 사귀어도 된다."라는 주장에 대해 여러분은 찬성하나요, 반대하나요? 책에 나와 있는 내용 외에 주장을 뒷받침할 수 있는 근거를 더 찾아봅시다. 상대편의 주장을 어떻게 반박할지도 생각해 봅시다.

3. 다음 빈 칸에 자기의 솔직한 생각을 써 본 뒤에 친구들이 쓴 것과 비교해 봅시다.

나는 남자아이들/여자아이들이 이런 행동을 하는 것이 참 좋다	나는 남자아이들/여자아이들이 이런 행동을 하는 것이 참 싫다

4. 이성 교제를 하다 보면 '남자 친구', '여자 친구'가 이 세상에서 가장 가까운 내 편이라고 느껴져 다른 사람에게라면 하지 않을 부탁이나 요구를 하게 될 때도 있습니다. 하지만 서로 아끼고 좋아하는 사이라도 지키고 존중해야 할 예의가 있는 법이지요. 이성 친구에게 지켜야 할 예의에는 어떤 것이 있는지 생각해 본 뒤 빈 칸에 적어 봅시다.

(예) 너무 늦은 시간에는 전화하지 않는다.

부모는 자녀를 체벌해도 될까?

"

그래!
부모는 자녀를 체벌해도 돼

아니야!
부모라도 자녀를 체벌하면 안 돼

"

생각 열기

방바닥에 떨어져 있는 모형 비행기를 보자마자 왕문제는 눈을 부라리며 동생에게 소리를 질렀어요.

"야! 너 또 내 비행기 만졌지? 이게 아주 맞을라고!"

왕문제는 동생을 쥐어박으려고 주먹을 쥐었어요. 그러자 동생은 울면서 엄마에게 달려갔어요.

"앙~ 엄마, 형이 나 또 때리려고 해."

"또 무슨 일이니?"

"분명히 동생한테 내 방에 들어오지 말라고 여러 번 경고했는데 또 들어와서는 제가 만든 비행기를 넘어뜨려 놨어요."

왕문제는 분이 풀리지 않는 듯 씩씩대며 말했어요.

"그래도 동생이 알아듣게 말로 잘 타일러야지. 자꾸 때리려고 하면 안 돼."

동생을 때리려는 왕문제를 가로막으며 엄마가 말씀하셨어요. 그런데 그때 엄마 뒤에 숨어서 승리의 미소를 짓는 동생의 얼굴이 보이지 뭐예요? 순간 참을 수가 없었던 왕문제는 잽싸게 동생을 발로 걷어찼어요. 그러자 동생은 더 크게 울면서 이번에는 아빠에게 달려갔어요. 잠자코 지켜보시던 아빠도 화가 나셨어요. 더 이상 말로 해선 안 되겠다고 생각하셨는지 아빠는 어디선가 회초리를 찾아들고 왕문제 앞에 서셨어요.

"지난번에 동생 때렸을 때 또 그러면 회초리 맞겠다고 아빠랑 약속했지?"

"때리는 것이 잘못이라면서 당신은 아이를 왜 때리려고 해요? 그만해요, 여보!"

1. 왕문제는 아빠에게 회초리를 맞을 만한 행동을 한 걸까요? 엄마와 아빠의 대화에서 더 공감이 가는 말은 누구의 말인가요?

2. 이와 비슷한 경험이나 생각을 해 본 적이 있나요? 그렇다면 언제 그랬는지 말해 봅시다.

"그래, 부모는 자녀를 체벌해도 돼"

체벌은 교육을 목적으로 하는 행동이야

고대 유대인 사이에서 전해오던 교훈이 담긴 『잠언』에는 "매를 아끼면 자식을 버린다."라는 말이 있습니다. 실제로 유대인들은 자녀가 13세가 될 때까지 회초리를 아끼지 않는다고 합니다. 자녀가 잘못된 행동을 하는데도 벌을 주지 않아 나쁜 사람으로 자라게 하기보다 체벌을 하는 것이 더 교육적이라고 믿기 때문입니다. 우리나라의 전통 교육법도 이와 비슷합니다. "예쁜 자식 매로 키운다."라는 속담에서 알 수 있듯이 자녀가 잘못된 행동을 할 때 엄한 꾸중과 함께 회초리를 아끼지 않았지요.

교육을 목적으로 한 행동이라는 점에서 체벌은 감정적인 손찌검과는 분명하게 구분됩니다. 교육을 의미하는 가르칠 교(教)는 인도할 '교'에, 칠 '복'을 합친 것으로, 어린아이(子)를 사귀거나 가르치기 위하여 매를 친다는 뜻이 들어 있고, '스승이나 어른이 타이르고 격려한다'는 뜻의 편달(鞭撻)이라는 말에도 '채찍으로 때린다'는 의미가 담겨 있습니다. 어린아이를 교육하는 과정에서 체벌이 필요하다는 것을 일찌감치 인정한 셈이지요.

김홍도의 그림 〈서당〉에서도 회초리가 보입니다. 조선 시대 서당에서는 전날 배운 학과를 친구들 앞에서 외우도록 했는데, 이때 제대로 하지 못하면 목침 위에 서서 훈장으로부터 회초리로 종아리를 맞는 '달초(撻楚)'라는 벌을 받았다고 해요. 이 체벌은 우리나라의 대표적인 전통 교육법 가운데 하나인데, 실제로 조선 시대에는 잘못이 있으면 종아리를 때려 달라고 학생들이 스스로 회초리를 마련해 스승에게 바치는 풍습이 있었

김홍도, 〈서당〉, 18세기

달초(撻楚)
부모나 스승이 자식이나 제자의 잘못을 꾸짖기 위하여 회초리로 볼기나 종아리를 때리는 것을 뜻하는 말이에요. '초달'이라고도 하며, 이러한 체벌은 집과 서당뿐 아니라 지금의 대학교에 해당하는 성균관에서도 행해졌어요.

다고 합니다. 또 과거에 급제한 뛰어난 문장을 '삼십절초' 또는 '오십절초'의 문장이라 일컬었는데, 이는 30자루와 50자루의 회초리가 꺾이는 매질을 겪고서 얻은 글이란 뜻이에요. 체벌이 학생을 열심히 공부하도록 이끌었다는 의미이지요.

체벌을 반대하는 사람들은 체벌이 아이의 인성을 해치고 인지능력을 떨어뜨린다며 어떠한 경우에도 어린아이에게 체벌을 가해서는 안 된다고 말합니다. 하지만 2010년에 이를 뒤엎는 주장이 나와 눈길을 끈 일이 있습니다. 미국 칼빈 대학교 심리학과의 마절리 군노 교수 팀의 연구에 따르면 6세 이하 아동의 경우에는 '사랑의 매'를 맞고 큰 아이들이 그렇지 않은 아이들보다 학업 성적이 더 우수하고 삶에 대해서도 긍정적인 태도를 보였다고 해요.

자녀를 키우다 보면 말로만 타일러서 안 되는 상황이 자주 발생하기 때문에 현실적으로 체벌은 피할 수 없습니다. 공공장소에서 막무가내로 울고 떼쓰는 아이, 도둑질이나 거짓말이 습관이 된 청소년을 차분하게 타이르고 말로만 바로잡기는 힘들지요. 체벌은 이처럼 부적절한 행동을 빠른 시간에 줄이고 없앨 수 있는 강력한 힘을 가지고 있습니다. 말로 타이르는 것보다 체벌을 하는 것이 충격이 큰 만큼 효과가 좋으니까요.

그리스 철학자 플라톤 역시 "체벌은 나쁜 습관적 행동을 교정하고 제지하는 데 필요하다. 또 체벌은 능력이 있는 자를 일깨운다."라며 체벌의 필요성을 인정했습니다. 이처럼 체벌은 아이의 잘못을 바로잡고 올바른 방향으로 이끌려는 목적을 가지고 있기에 부모가 자기 자녀를 체벌하는 것은 자녀 교육 과정에서 필요한 일입니다.

체벌을 통해 부모의 권위를 세울 수 있어

부모는 바람직한 행동을 했을 때 상을 주고 잘못했을 때는 벌을 주면서 자녀가 올바른 인격을 갖추도록 교육시킬 책임과 의무가 있습니다. 그런데 이러한 역할을 제대로 수행할 수 있기 위해서는 부모에게 권위가 있어야 합니다. 부모의 권위란 자녀를 통솔하여 따르게 하는 힘, 자녀를 움직일 수 있게 하는 능력을 말합니다. 물론 처벌할 수 있는 힘만을 이용하여 부모의 권위를 세우려고 해서는 안 됩니다. 그러나 자녀에 대한 체벌이 인정되지 않을 경우 부모는 자녀에 대한 통제력을 잃기 때문에 부모로서의 권위가 손상될 수 있습니다.

체벌로는 권위를 세울 수 없다고 말하는 사람들도 있습니다. 그러나 교사들의 체벌이 금지된 이후 오늘날 학교의 모습은 어떤가요? 수업 분위기를 방해하는 학생들을 지도하려고 해도 학생들이 교사의 지시에 따르지 않는 데다 반항까지 한다며 교사들은 어려움을 하소연하고 있습니다. 교사들의 지위가 왜 이처럼 낮아진 걸까요? 교원 단체의 2010년 설문 조사에 의하면 서울의 초·중·고교 교사 10명 가운데 9명은 체벌 금지 조치가 시행된 이후 교사의 권위가 더 추락한 것에 동의한다고 답했고, '2011~2015년 교권 침해 현황'에 따르면 체벌이 금지된 이후 5년간 학교에서 일어난 교권 침해 건수가 무려 2만 6,111건에 이르는 것으로 조사되었습니다. 이런 일이 비단 학교에서만 벌어질까요?

가정에서 부모의 위치도 마찬가지입니다. 부모는 단순한 보호자가 아니라 자녀가 바르게 성장할 수 있도록 가르치는 훈육자의 역할

도 해야 합니다. 그런데 자녀가 큰 잘못을 저질렀을 때 체벌을 할 수 없다면 부모로서 권위를 가질 수 없습니다.

자녀가 잘못을 했을 때 그걸 막을 힘이 없는 부모가 과연 부모로서 존중받을 수 있을까요? 멋대로 행동하는 자녀를 귀엽다며 그냥 내버려 두거나 단호한 모습을 보이지 않는 부모는 자녀를 통솔할 수 있는 힘, 즉 부모로서의 권위를 잃게 됩니다. 그리고 권위를 잃은 부모는 부모의 역할을 제대로 할 수 없습니다. 교육은 권위가 있는 사람을 통해 이루어지기 때문에 권위가 없는 친구 같은 부모는 자녀를 제대로 훈육할 수 없는 것입니다. 가정에서 정상적인 교육 활동이 이루어지고 부모의 책임과 의무를 다하기 위해서라도 적절한 체벌은 필요합니다.

체벌은 폭력이 아니야

체벌을 반대하는 사람들은 체벌을 폭력으로 해석하여 금지해야 한다고 말합니다. 그러나 체벌과 폭력은 엄연히 다릅니다. 폭력은 다른 사람에게 해를 가하기 위해서 행해지지만 체벌은 자녀를 올바른 길로 이끌기 위한 목적을 가지고 있다는 점에서 큰 차이가 있기 때문입니다.

옛날 부모들은 체벌할 때 자녀에게 회초리를 직접 가져오도록 시켰습니다. 자신이 맞을 회초리를 직접 가져오게 함으로써 아이가 자신의 잘못에 대해 스스로 생각할 시간을 주고, 부모도 그사이 흥분했던 마음을 가라앉히고 아이에게 할 말을 준비할 시간을 벌었던 것이지요. 이런 체벌을 과연 폭력이라고 할 수 있을까요?

언제부터인지 자녀에게 체벌을 하는 부모들은 잘못된 교육을 하는 것으로 취급되고, 부모가 자녀를 체벌하면 법적인 처벌을 받아야 한다고 생각하는 사람들까지 생겨나고 있습니다. 그러나 체벌로 인해 문제가 생기는 것은 체벌 자체보다 체벌하는 방식이 잘못되었기 때문입니다. 부모와 자녀가 대화를 통해 체벌하는 기준을 정하고, 체벌할 때도 다른 사람이 보지 않는 장소에서 정해진 체벌 도구를 사용하여 정해진 신체 부위를 체벌하는 식으로 원칙을 지켜가며 체벌한다면 자녀는 모욕감이나 반발심을 느끼지 않을 것이고 신체에 가해지는 상처도 크지 않을 것입니다. 이처럼 부모와 자녀 사이의 약속에 의해서 체벌이 이루어지게 되면 자녀가 체벌의 이유를 납득할 수 있기 때문에 심각한 문제가 일어나지 않습니다.

자녀가 칭찬받을 만한 행동을 했을 때 상을 주는 것처럼 잘못된 행동을 했을 때 벌

을 주는 것은 당연합니다. 그리고 체벌은 조금 더 강력한 벌의 하나일 뿐이지요. 아무리 사소한 체벌도 폭력이라고 주장하는 사람들에게 묻고 싶습니다. 신체에 고통을 주는 체벌 대신 정신적으로 주는 벌은 그럼 괜찮은 걸까요? 오랜 시간 아이가 좋아하는 일을 못 하게 하거나 아이의 마음을 받아 주지 않는 등 다른 방법으로 아이에게 벌을 준다면요? "차라리 한 대 맞고 말겠다."라는 말처럼 다른 벌의 종류가 오히려 아이에게 상처를 줄 수도 있습니다.

체벌은 폭력이 아닙니다. 자녀를 올바로 키우기 위한 교육적 목적을 가지고 있는 행위이기 때문입니다. 따라서 부모가 자녀를 원칙에 따라 체벌하는 것을 문제 삼을 수는 없습니다.

"아니야, 부모라도 자녀를 체벌하면 안 돼"

체벌은 자녀의 삶을 망가뜨릴 수 있어

아무리 사소한 체벌이라도 체벌은 폭력입니다. 국어사전을 찾아 '체벌'과 '폭력'의 뜻을 살펴봅시다. '체벌'은 몸에 직접 고통을 주어 벌을 주는 것을 말합니다. '폭력'이란 남을 거칠고 사납게 제압할 때 쓰는 주먹이나 발 또는 몽둥이 따위의 수단이나 힘을 말하고요. 두 단어의 뜻을 비교해 보면 체벌과 폭력 모두 다른 사람의 신체에 고통을 주는 것으로 그 뜻이 거의 같다는 것을 알 수 있습니다.

아동심리와 관련된 수많은 연구들은 체벌이 얼마나 아이들의 삶을 망가뜨릴 수 있는지를 잘 보여 줍니다. 미국 툴레인 대학교 심리

학과의 테일러 교수는 세 살 무렵 부모에게 매를 맞은 아이가 다섯 살이 되었을 때 매를 맞지 않은 아이보다 공격성을 50% 이상 더 보인다는 연구 결과를 발표했습니다. 또 듀크 대학교의 발달 심리학자 벌린이 2009년 발표한 보고서에 따르면 한 살 때 매를 맞은 아이는 세 살 때 인지능력이 떨어진다고 해요. 이러한 연구 결과는 체벌이 아이들에게 얼마나 나쁜 영향을 미치는지 알게 해 줍니다.

 이뿐만이 아닙니다. 그렇게 자란 아이들은 커서 결혼을 하고 자녀가 생긴 뒤 자신의 자녀에게 자기가 당했던 것과 똑같은 방식으로 체벌을 가하게 될 확률이 높다고 합니다. 2009년 미국 오하이오 대학교 조나단 베스파 교수 팀이 3세대에 걸친 양육 방법의 대물림 연구를 진행했는데 한 주당 체벌 횟수, 한 주당 애정 표현 횟수, 한 주당 책 읽어 주기 횟수 등을 중심으로 관찰한 결과 세 가지 행동 모두 부모를 따라 하는 모습을 보였다고 합니다. 특히 자신의 자녀에게 매를 들 확률은 매를 맞은 자녀가 매를 맞지 않고 자란 자녀에 비해 1.5배 이상 높았다고 해요. 나쁜 행동도 부모님에게 배운 대로 행동하는 것이지요.

부모의 체벌은 자녀를 제대로 가르치고자 하는 사랑의 행위라고 말하지만 아무리 좋은 말로 꾸민다고 해도 교육적 체벌과 감정적 체벌을 뚜렷하게 구분하기는 어렵습니다. 그것이 교육적이든 감정적이든 상관없이 자녀에게는 '폭력의 공포'를 불러오기 때문입니다. 자녀의 삶을 망가뜨리고 마음에 큰 상처를 입히는 부모의 체벌은 사라져야 합니다.

체벌은 습관이 되기 쉬워

체벌은 부모와 자녀 모두에게 습관이 될 수 있습니다. 부모의 경우에는 말을 듣지 않는 자녀를 타이르는 것보다 체벌을 하면 그 즉시 자녀가 말을 잘 듣게 되기 때문에 체벌을 효과적인 교육 방법이라고 생각하면서 습관이 됩니다. 자녀가 체벌을 했을 때 말을 잘 듣는 모습을 보고 앞으로도 매를 들어야겠다는 생각을 더 자주 하게 되는 것이지요.

문제는 처음에는 손바닥 때리기 같은 작은 체벌에 그치지만 자녀의 신체가 성장할수록 점점 더 강한 체벌이 필요하게 되고 그것이 아동 학대로까지 발전하게 된다는 점입니다. 중앙아동보호전문기관에서 펴낸 '아동학대통계'를 보면 2013년에 발생한 아동 학대 신고 건수의 80%가 부모로부터의 학대라는 통계를 확인할 수 있습니다. 그만큼 부모의 아동 학대가 심각한 수준이라는 것이지요. 그러나 학대를 저지른 부모들은 자신의 체벌이 이미 폭력이 되고 습관이 되었다는 것을 알지 못하고 자녀가 점점 말을 듣지 않는다고 핑계를 대는 경우가 많습니다.

  체벌은 자녀에게도 습관이 됩니다. 자녀는 부모가 자신에게 신체적인 고통을 가하는 것이 두렵기 때문에 체벌을 하면 즉각적으로 문제행동을 멈추게 됩니다. 반면 신체적 고통이 없이는 문제행동을 멈추지 않는 습관이 생깁니다. 스스로 생각하고 행동하는 방법을 알지 못하고 눈치를 보다가 폭력 앞에서만 반응하는 사람으로 성장하게 되는 것이지요. 폭력 앞에 무릎 꿇는 것은 수치스러운 일이기 때문에 그런 습관을 갖게 될 경우 자존감을 지키기가 어렵습니다. 자존감이

없는 아이가 과연 좋은 어른으로 성장할 수 있을까요? 이처럼 체벌은 부모와 자녀 모두에게 습관이 되기 때문에 가벼운 체벌이라도 절대 해서는 안 됩니다.

아무리 부모라도 자녀를 마음대로 할 수 없어

1923년에 만들어진 UN아동권리선언은 아무런 예외 조건 없이 모든 아동에게는 차별에서 벗어나 권리를 누릴 자격이 보장되어야 한다고 나옵니다. 1957년 2월에 발표된 우리나라 어린이헌장에도 어린이는 인간으로서의 존엄성을 지닌다고 밝히고 있지요. 아동권리선언이나 어린이헌장에서 알 수 있듯이 어린이는 어른과 마찬가지로 인권을 가진 존재입니다. 인권이란 인간으로서 누려야 할 권리를 뜻하므로 어린이가 인권을 가졌다는 것은 어린이가 단지 보호의 대상이 아니라 권리를 가진 한 사람이라는 의미입니다.

예전에는 어린이를 하나의 온전한 인격체로 생각하지 않고 부모에게 속한 존재로만 생각했습니다. 때문에 부모가 자기 자녀를 체벌하는 것이 문제가 되지 않았지요. 그러나 어린이도 어른과 마찬가지로 인권을 가진 존재라는 생각이 널리 퍼지면서 아무리 부모라고 해도 자녀를 마음대로 할 수 없다는 것은 이제 상식이 되었습니다.

자녀는 부모의 소유물이 아닙니다. '어린이권리조약의 아버지'라고 불리는 폴란드의 교육가 야누스 코르착은 『어린이』라는 책에서

"어린이는 비로소 인간이 되는 것이 아니라 이미 하나의 인간이다." 라고 말하며 "어린이에게 필요한 것은 오직 한 가지, 사랑받고 존중받는 것"이라고 했습니다.

 체벌은 어떤 목적에서 행해지든 강자가 약자에게 가하는 폭력입니다. 인간이라면 어느 누구도 내 몸에 고통을 주는 것을 원하지 않기 때문입니다. 어린이는 단지 폭력을 거부할 수 있는 힘이 없기 때문에 참는 것뿐입니다. 따라서 아무리 부모라고 해도 인권을 가진 자녀를 함부로 체벌해서는 안 됩니다.

체벌보다 효과적인 교육 방법은 많아

체벌이 효과적인 교육 방법이라고 말하는 사람들이 있지만 매를 들지 않고도 잘못을 고치게 할 수 있는 방법은 많습니다. 예를 들어 '생각의자에 앉기'와 같은 방법을 사용할 수도 있고, 아이가 반성하고 태도를 고칠 때까지 잠깐 좋아하는 일을 못 하게 하는 방법도 있지요. 그것만으로도 충분히 효과적이기 때문에 신체적인 처벌을 따로 할 필요는 없습니다.

사실 아이들에게 가장 효과가 있는 교육 방법은 체벌이 아니라 솔직한 대화입니다. 아이들은 부모와 자주 대화하는 과정에서 해야 할 일과 하지 말아야 할 일을 충분히 이해하고 받아들이게 되면 잘못을 점점 고치게 됩니다. 그런데 이처럼 대화를 통해 아이를 교육시키는 것은 시간이 오래 걸리기 때문에 많은 인내심이 필요합니다. 또 자녀가 성장할 때까지 꾸준히 해야 하는 일이기 때문에 성격이 급한 부모일수록 손쉬운 체벌을 택하는 경우가 많지요. 그러나 쉽고 편리하다고 해서 그 방법이 옳은 방법이라고 할 수는 없습니다.

사람들은 체벌이 교육적 목적을 가지고 있다는 점에서 '사랑의 매'라고 부르기도 합니다. 하지만 사랑의 매는 없습니다. 체벌을 당하는 자녀의 입장에서는 체벌이든 폭력이든 똑같은 공포로 다가오기 때문입니다. 이런 체벌의 부작용을 충분히 알면서도 계속한다는 것은 자녀는 물론 부모에게도 결코 유쾌한 경험이 아닙니다. 참을성이 부족해서 자녀에게 폭력을 사용한 셈이니까요.

　부모의 체벌은 자녀의 인권을 무시하는 행동이며 자녀의 마음에 큰 상처를 남깁니다. 따라서 아무리 사소한 체벌이라도 자녀를 체벌해서는 안 됩니다.

찬성 부모의 체벌은 자녀를 올바로 가르치기 위한 사랑의 행동이야. 자녀를 기르다 보면 말로만 타일러서는 안 되는 상황이 자주 발생해. 막무가내로 고집을 피우거나 절대 해서는 안 되는 행동을 반복하는데도 말로만 타이른다면 자녀는 자기 행동을 고치지 않을 수도 있어.

반대 체벌은 자녀를 올바로 가르치기 위한 사랑의 행동이라고 하지만, 체벌을 당하는 자식의 입장에서 부모의 사랑을 느낄 수 있을까? 매를 맞으면서 '나를 위해서 체벌을 하시는구나.' 하고 이해하는 자식이 얼마나 될까? 대부분의 사람들은 매를 맞으면 고통스럽기 때문에 매를 가한 사람에 대한 원망의 마음이 생기기 마련이야. 당하는 입장에서 고통과 원망을 느끼는데 그것을 사랑이라고 할 수 있을까?

체벌은 다른 사람의 신체에 고통을 준다는 점에서 결국 폭력이야. 그리고 부모의 폭력은 자녀의 삶을 망가뜨릴 수 있어. 매를 맞고 자란 아이들이 공격적인 성향을 가지게 되거나 인지능력이 떨어진다는 보고가 있어. 또 매를 맞고 자란 아이가 자신이 부모가 되었을 때 자기의 자녀에게 자신이 당했던 것과 똑같은 방법으로 체벌을 가할 확률이 높다는 연구 결과도 있어.

찬성 체벌이 신체에 고통을 주는 것은 맞아. 하지만 그렇다고 해서 체벌이 폭력이라고 말할 수는 없어. 폭력은 다른 사람에게 해를 가하기 위해 하지만 체벌은 자녀를 올바른 길로 이끌기 위한 행동이기 때문이야. 그리고 신체에 고통을 준다는 이유만으로 폭력이라고 말한다면 정신적인 학대나 처벌은 그럼 폭력이 아닐까?

우리 속담에도 "예쁜 자식 매로 키운다."라는 말이 있고, 그리스 철학자 플라톤 역시 "체벌은 나쁜 습관적 행동을 교정하고 제지하는 데 필요하다."라고 말했어. 체벌은 예부터 내려온 교육 방법이며 감정적인 손찌검과는 달라. 자녀와 약속을 하고 원칙을 지켜서 체벌한다면 자녀에게 나쁜 영향을 미치지 않을 뿐만 아니라 자녀를 올바른 길로 이끄는 효과적인 교육 방법이 될 수 있어.

반대 자녀를 제대로 가르치기 위해 체벌이 필요하다고 말하지만 체벌은 분명히 신체에 고통을 가하는 폭력이야. 어린 시절에 폭력을 당하면 인성 발달에도 문제가 생기고 인지능력도 제대로 발달하지 못해. 그리고 아무리 부모라 해도 자기 자식을 때릴 권리는 없어. 체벌은 자녀의 인권을 무시하는 행동이자 자녀에게 큰 상처를 남기기 때문에 어떤 경우에도 체벌을 해서는 안 돼.

생각더하기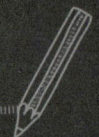

1. 두 글에서 주장의 근거를 찾아 각각 요약해 봅시다.

"부모는 자녀를 체벌해도 될까?"

	그렇다(찬성)	아니다(반대)
근거		

2. "부모는 자녀를 체벌해도 된다."라는 주장에 대해 여러분은 찬성하나요, 반대하나요? 책에 나와 있는 내용 외에 주장을 뒷받침할 수 있는 근거를 더 찾아봅시다. 상대편의 주장을 어떻게 반박할지도 생각해 봅시다.

3. 잘못을 했을 때 어떤 방법으로 교육하면 좋을까요? 다음 물음에 답해 보세요.

<보기>

생각의자에 앉기, 회초리로 손바닥 맞기, 팔 들고 벌서기, 놀이 시간 없애기, 용돈 주지 않기, _____, _____, _____.

■ 위의 <보기> 외에도 효과적인 벌칙이 있다면 어떤 것이 있을지 _____에 적어 봅시다.

■ 위의 8가지 벌칙을 교육적 효과가 가장 크다고 생각하는 순서대로 나열해 보세요.

교육적 효과가 큼			<---------------->				교육적 효과가 낮음

4. 여러분이 부모라면 자녀가 다음과 같은 행동을 할 때 어떤 방법으로 교육하겠는지 말해 봅시다.

■ 마트에서 값비싼 장난감을 사 달라고 떼를 써요.
■ 숙제를 미루고 밤늦게까지 TV를 보고 있어요.
■ 형제, 자매와 먹을 것을 가지고 서로 먹겠다고 다투어요.
■ 부모님 지갑에서 몰래 돈을 꺼내어 썼어요.
■ 학원을 빼먹었는데 다녀왔다고 거짓말을 해요.
■ 친구와 사소한 일로 주먹다짐을 하며 싸웠어요.

결혼은 꼭 해야 할까?

"

그래!
결혼은 꼭 해야 해

아니야!
결혼은 하지 않아도 돼

"

생각 열기

　　최자유와 유사랑은 반은 다르지만 같은 동네에 사는 친구예요. 하굣길에 최자유의 눈이 빨갛게 부어 있는 걸 보고 유사랑은 깜짝 놀랐어요.

　"자유야, 무슨 일 있어?"

　"흑, 사랑아. 오늘 선생님이 여자들은 무조건 아이 세 명 이상 낳아야 인구가 늘어난다고 그러시잖아. 내가 나중에 결혼도 안 하고 아이도 안 낳을 거라니까 친구들이 나 같은 애들 때문에 우리나라가 망한다는 거야."

　"뭔 상관이래? 왜 남 인생에 이래라 저래라야? 다 자기 선택이지."

　"그치? 내가 왜 나라를 위해 희생해야 돼? 난 나중에 가족들 신경 쓰지 않고 그냥 혼자 편하게 살고 싶어."

　"그랬구나. 근데 좀 외로울 것 같긴 해. 난 외동이라 결혼하고 아이도 낳고 싶어. 남들 다 결혼하는데 안 하는 것도 부담스럽고."

　"우리는 백 살까지 살 텐데 어떻게 한 사람하고만 70년, 80년씩 살겠어? 결혼 생각만 해도 지겹고 질려."

　"글쎄. 꽃도 씨앗을 남기고 동물들도 새끼를 낳잖아. 결혼하고 아이를 낳는 게 자연스러운 것 같아."

　"사랑이 너까지 나를 이기적이라고 생각하는 거야? 흑."

　"아니야 자유야. 우린 사람이니까 다른 선택을 하는 것도 당연해. 너무 신경 쓰지 마."

1. 최자유와 유사랑의 말 중에 더 공감이 가는 말은 누구의 말인가요?

2. 여러분이 백 살에 죽는다고 가정하고 몇 살에 결혼을 하고 몇 살에 아이를 낳을지 생각해 봅시다. 또 여러분의 자녀가 커서 독립하고 나면 배우자와 남은 인생을 어떻게 보낼지도 상상해 봅시다.

"그래, 결혼은 꼭 해야 해"

사랑한다면 결혼하는 게 당연해

여러분은 혹시 가족이 아닌 누군가를 사랑해 본 적이 있나요? 우리 모두는 언젠가 사랑하는 사람과 만나게 됩니다. 같이 있으면 가슴이 두근거리고, 못 만나면 보고 싶고, 그 사람을 위해 모든 것을 주고 싶은 그런 사람 말이에요. 만일 그런 사람을 만나게 되면 여러분은 어떻게 할 건가요? 사랑을 고백하고, 알콩달콩 사랑을 키워 나가고, 그런 다음에는요? 아마도 자연스럽게 결혼을 생각하게 될 거예요.

사랑이란 '두 사람'이 서로에게 특별한 감정을 느끼는 일입니다. 서로에게 빠져드는 느낌, 야릇한 기분, 애틋한 마음, 이 모든 것들이

오직 두 사람 사이에서만 일어납니다. 정말 멋진 일이지요. 이렇게 서로 사랑하는 두 사람이 만났는데 평생을 같이 하고 싶은 마음이 생기는 것은 너무나 당연합니다.

만약 결혼을 하지 않고 사귀기만 하다가 누군가 두 사람 사이에 끼어든다면 어떻게 될까요? 아마 둘 사이엔 엄청난 질투와 고통, 오해와 갈등이 생겨날 거예요. 그래서 누군가를 정말 사랑한다면 더더욱 결혼해야 합니다. 결혼은 이 사람만을 평생 사랑하겠다는 약속이니까요. 결혼은 인간이 가진 성적 욕구와 사랑하고 사랑받고 싶은 욕구를 다툼 없이 충족시켜 줍니다. 만약 결혼으로 짝이 정해지지 않으면 복잡한 찻길에서 교통사고가 일어나는 것처럼 사람들 간에 다툼이 끊이지 않을 거예요.

고대 그리스의 철학자 플라톤이 쓴 『향연』이라는 책에는 다음과 같은 이야기가 나옵니다. 처음에 사람들은 남자와 남자, 여자와 여자, 남자와 여자가 서로 등을 맞대고 붙어 있었는데 신이 그들의 몸을 반으로 갈라놓았고, 그래서 반쪽이 된 인간들은 잃어버린 반쪽을 몹시 그리워하게 되었다고 해요. 결혼을 왜 하느냐고요? 바로 잃어버린 반쪽을 찾았기 때문이지요. 결혼은 해도 그만 안 해도 그만이라고 말하는 사람들은 아직 사랑하는 사람을 못 만났기 때문 아닐까요?

결혼은 사회 유지를 위해 꼭 필요해

지구상에서 인간만이 결혼을 하지요. 동물들도 짝짓기를 하지만 결혼을 하지는 않습니다. 그런데 왜 인간만 결혼 제도를 만들었을까요? 그건 바로 자손을 보존해 지구에서 살아남기 위해서였습니다.

인간은 육체적으로 열등한 동물입니다. 힘도 세지 않고, 이빨과 발톱도 날카롭지 않고, 청각이나 후각도 뒤떨어지고, 달리기도 느립니다. 더구나 인간의 아기는 다른 어떤 동물의 아기보다 약하고 느리게 성장합니다. 만약 인간이 사회를 이루어 서로 돌보지 않았다면 멸종하기 쉬웠겠지요. 그래서 인간은 다른 사람에게 애착을 느끼고 서로 돕도록 진화했습니다. 이때 결혼 제도는 부부 관계, 자녀 관계를 만들어 더 효율적으로 서로를 보호하도록 만들어 주었고요. 인류에게

결혼은 생존을 위한 하나의 수단이었던 것입니다.

결국 결혼의 가장 큰 의미는 부부와 자녀로 이루어진 가족 공동체를 만들어 낸다는 점입니다. 결혼을 통해 가족이 탄생하는 것이지요. 가족은 자녀를 낳고 길러서 다음 세대를 만들어 냅니다. 노동을 하고, 물건을 소비하면서 경제를 움직이고, 아이들이 사회에 나가 잘 적응할 수 있도록 가르치고, 휴식을 제공해 몸과 마음을 충전시켜 줍니다. 가족이야말로 사회를 유지하는 가장 기본적인 공동체인 것입니다.

결혼이 없으면 가족이 없고, 가족이 없으면 사회도 없습니다. 그래서 사회는 결혼을 법으로 보호합니다. 아무리 오랫동안 함께 살아도

가족

부모·자식·부부 등의 관계로 맺어져 한 집에서 함께 생활하는 공동체를 말해요. 인류의 발생과 거의 때를 같이하여 생겨난 가장 오랜 집단이자 어떤 사회·시대에나 존재하는 가장 기본적인 단위라고 할 수 있어요. 출산을 통해 사회 성원을 재생산해 사회가 유지될 수 있도록 하는 기능을 담당하며, 가장 작은 사회화 기관이기도 해요.

혼인 신고를 하지 않으면 부부로 인정해 주지 않고 아이를 낳아도 아이의 여러 권리가 제한됩니다. 이혼을 할 때도 마음대로 하지 못하고 법원에 가서 판사 앞에서 결정해야 하고, 죽을 때 남긴 재산도 법에 따라 나누게 됩니다.

이처럼 조금만 넓게 생각해 봐도 결혼은 개인의 선택이 아니라 사회에 대한 책임이자 의무라는 걸 알 수 있어요. 결혼을 하든 말든 상관없다는 태도는 자신이 속한 사회의 틀을 깨는 무책임한 행동인 것입니다. 모두가 이기적으로 자기 자신만 생각하기 때문에 결혼율이 줄고, 이혼율은 높아지고, 출산율도 낮아지는 거예요. 우리가 속한 사회가 건강하게 유지되기를 바란다면 결혼을 해야 하는 것이 당연합니다.

결혼하는 게 안 하는 것보다 훨씬 더 이익이야

사랑하는데도 사람들이 결혼을 망설이는 이유는 결혼하면 큰 손해를 본다고 생각하기 때문입니다. 물론 결혼하면 좋은 점만 있는 게 아니라 나쁜 점도 있을 것입니다. 혼자 사는 것보다 함께 사는 게 자유롭지 못한 것도 사실이고요. 그러나 결혼을 하면 하지 않을 때보다 얻는 것이 훨씬 더 많습니다.

첫째, 결혼을 하면 외롭지 않습니다. 부부는 서로를 이해하고 의지하는 친구이자 동반자입니다. 슬프거나 아플 때 서로 돕고 위로할 수 있지요. 결혼은 인생의 무덤이라고 말하는 사람들이 있습니다. 친구와의 사이도 멀어지고 인간관계도 좁아진다면서요. 그러나 결혼을 하면 양쪽 집안의 친척들이 새로 생기고 아이가 태어나면 아이를 통해 선생님, 아이 친구의 가족 등 새로운 사람들을 계속 만나게 됩니다. 오히려 혼자 살면 점점 더 만나는 사람이 줄어들죠. 게다가 아무리 자유롭고 화려한 삶을 사는 독신자라 해도 늙고 병들면 혼자서 얼

마나 외롭고 쓸쓸할까요? 친구가 아무리 좋아도 가족을 대신해 줄 수는 없습니다.

둘째, 결혼을 하면 혼자 사는 것보다 경제적으로 안정될 수 있습니다. 요즘은 대부분 맞벌이를 하기 때문에 재산도 더 많이 모을 수 있습니다. 결혼하면 여자는 회사 일도 해야 되고 집안일도 해야 돼서 큰 고생을 한다고 말하기도 합니다. 하지만 그건 아내를 도와주지 않았던 옛날 남자들 이야기예요. 부부 둘 다 사회생활을 잘할 수 있도록 집안일도 나누고 아이도 함께 돌보며 서로 서로 뒷바라지를 해 주니까 더 열심히 일할 수 있습니다. 미국 럿거스 대학교의 화이트헤드와 포페노 교수는 통계 자료를 연구해 죽을 때까지 결혼 생활을 유지하는 사람이 한 번도 결혼하지 않은 사람보다 평균 4배나 더 부자라는 사실을 밝혀냈죠.

셋째, 결혼을 하면 멀리 내다보고 계획적인 삶을 살 수 있습니다. 혼자 살면 마음 내키는 대로 살아도 큰 문제가 없지만 결혼하고 아이가 생기면 그럴 수 없지요. 아이는 언제 낳고 집은 언제 살지, 여행은 어디로 가고 늙으면 무엇을 할지 미리미리 준비해야 합니다. 그러다 보면 어려운 일이나 돈이 많이 드는 일에 잘 대처할 수 있습니다.

이것뿐만이 아닙니다. 결혼을 하게 되면 가족을 생각해 암벽 등반이나 스카이다이빙 같은 위험한 스포츠도 자제하게 됩니다. 자신과 가족의 건강을 생각해 술이나 담배를 줄이거나 멀리하게 되기도 하고요. 실제로 미국 듀크 대학교 의학센터에서 조사한 결과 독신자는 결혼한 사람보다 빨리 죽을 가능성이 2.3배나 높다고 해요. 반면 결혼한 사람들은 스트레스 대응 능력도 뛰어나고 알코올 중독이나 우울증도 더 쉽게 이겨 낼 수 있습니다. 전미경제연구소는 "결혼한 사람이 결혼하지 않은 사람보다 인생에 더 만족한다."라고 결론을 내렸습니다. 꼭 연구 자료가 아니더라도 요즘처럼 혼자 헤쳐 나가기 힘든 세상에서 독신자보다 결혼한 사람이 유리한 건 당연하지 않을까요?

 여러분도 어서 빨리 부모로부터 독립해 자신만의 가족을 만들고 싶지 않나요? 운명적으로 만난 두 사람이 변치 않는 사랑으로 평생을 함께하는 결혼을 거부할 이유가 없습니다.

"아니야, 결혼은 하지 않아도 돼"

평생 사랑할 사람을 찾는 건 쉬운 일이 아니야

여러분은 어떤 사람과 결혼하고 싶나요? 사랑하는 사람이라고요? 설마 사랑만 있으면 다른 건 다 상관없다고 생각하는 건 아니겠죠? 우린 그런 순진한 소리를 할 만큼 세상을 모르지 않습니다. 우리가 결혼하고 싶은 사람은 마음씨도 착하고 외모도 뛰어나고 능력도 있고 직업도 좋고 돈도 많은 사람일 것입니다. 문제는 그런 사람과 만나 결혼할 가능성이 아주 낮다는 것입니다. 내가 원하는 배우자를 찾기가 하늘의 별 따기보다 어려운데 어떻게 무조건 결혼을 하라고 하나요? 꼭 결혼을 해야 한다는 압박감에 신중하지 않은 선택을 해서 결국 이혼율만 더 늘어나게 될 수도 있습니다.

모든 수단과 방법을 동원해 완벽한 사람을 찾으면 된다고요? 그래요. 어쩌다 내 마음에 꼭 드는 완벽한 사람을 찾았다고 해 봅시다. 불행히도 그 사람과의 사랑이 오래 가지 않습니다. 미국 코넬 대학교 인간행동연구소는 사랑의 유효 기간을 2년 6개월, 즉 900일이라고 밝혔습니다. 사랑에 빠지면 우리 뇌의 깊숙한 부분에 있는 미상핵

이 활성화되어 도파민이라는 호르몬이 나온다고 해요. 도파민은 사랑의 묘약입니다. 도파민 덕분에 불타는 사랑이 시작되거든요.

그러나 1년이 지나면 본능을 담당했던 미상핵의 활동은 줄어들고 이성적 판단을 하는 대뇌피질의 활동이 늘어나기 시작해 900일 무렵이면 열정적 사랑은 사라지고 맙니다. 900일은 아기가 태어나 스스로 생존할 수 있는 최소한의 기간이라고 해요. 혼자 밥도 먹을 수 있고 의사 표현도 할 수 있게 될 정도지요. 그래서 진화생물학자들은 호르몬의 도움으로 인간이 종족을 보존할 수 있었다고 말하기도 합니다.

사랑에 유효기간이 있는데 어떻게 수천 년 동안 결혼 제도가 유지

되어 온 걸까요? 답은 인간의 평균 수명에 있습니다. 인간의 평균 수명은 100~200년 전까지만 해도 겨우 40세 정도였어요. 사람들이 일찍 죽었기 때문에 수천 년간 결혼 생활은 10~20년 만에 끝이 났지요. 이 정도 시간은 사랑이 식어도 충분히 함께 살 수 있는 시간입니다. 결혼할 때 "죽음이 두 사람을 갈라놓을 때까지 사랑하겠다." 하고 선서하는 까닭도 실제로 죽음이 결혼 생활을 끝냈기 때문이에요. 질병, 굶주림, 전쟁이 늘 인간을 위협해서 검은 머리가 파뿌리가 될 때까지 함께 살자는 약속은 지키기가 힘들었지요.

그러나 지금 우리는 100세 시대를 살고 있습니다. 100세 시대에는 결혼 기간이 무려 70년에서 80년 가까이 늘어납니다. 이렇게 긴 시간 동안 어떻게 한 사람만 바라보며 살 수 있겠어요? 2015년 우리나라에서 이혼한 부부들의 평균 결혼 기간은 14년이에요. 전 세계 이혼 부부들의 결혼 기간 역시 대부분 10~20년 사이라고 해요. 옛날 사람들의 결혼 기간과 비슷하죠? 현대사회에서는 죽음이 아니라 이혼이 자연스럽게 부부를 갈라놓는 거죠.

결혼은 평생 동안 한 사람만 사랑하겠다는 약속입니다. 그런데 불행히도 인간은 본능적으로 사랑을 오래 지속할 수 없습니다. 게다가 요즘엔 결혼할 사람을 찾는 일도 어렵고, 어렵게 찾은 그 사람과 평생 사는 것도 너무 길고 힘든 일이 되어 버렸어요. UN미래보고서도 아예 2040년이면 결혼 제도 자체가 소멸할 거라고 예측했지요. 한 파트너와 100년을 함께하는 삶은 사람의 힘으로는 불가능하다면서요.

100세 시대에 누군가를 평생 사랑한다는 것은 쉽지 않은 일이에요.

결혼으로 잃는 것이 너무 많아

여성가족부와 통계청에서 발표한 2015년 청소년 통계를 보면 결혼을 해야 한다고 생각하는 청소년들이 50%를 넘지 않습니다. 왜 그럴까요? 집이나 주변 사람들을 통해 결혼 생활의 단점을 많이 지켜보았기 때문일 거예요.

결혼을 하면 무엇보다 자신만의 삶을 지키기 어려워집니다. 혼자만의 시간도 줄어들고 무슨 일이든 가족과 상의해 결정하고 행동해야 하기 때문에 자기 생각대로 하기가 힘들어져요. 한마디로 자유가 사라지는 거예요. 혼자만의 시간이 사라지는 대신 사랑하는 배우자와 함께하는 시간이 늘어난다고요? 그렇지도 않습니다. 미국의 사회학자 듀와 윌콕스는 부부가 단둘이 보내는 시간이 아이가 있는 경우 일주일에 겨우 9시간, 아이가 없더라도 일주일에 26시간 정도밖에 안 되며 나머지 시간은 바깥일과 집안일을 하느라 정신없이 보내게 된다고 말합니다.

가장의 경우에는 가족이 생겼기 때문에 돈을 더 벌어야 하니 일도 더 많이 해야 하고, 집안일도 혼자 살 때와 비교하면 산더미같이 많아집니다. 게다가 결혼으로 새로 생긴 친척들과 가족 행사까지 챙기다 보면 혼자만의 시간은 꿈도 꿀 수 없게 됩니다.

특히 여자들은 임신과 출산, 육아 때문에 그동안 열심히 키워왔던 자신만의 꿈을 저버릴 수밖에 없는 경우가 많습니다. 아무리 남편이 도와준다 해도 한계가 있기 때문에 늘 일과 가족 사이에서 갈등하며 힘든 나날을 보내게 되지요.

행복해지기 위해 결혼을 했는데 자신의 자유를 희생하며 살다 보니 갈등과 다툼이 생기고 그러면서 오히려 행복을 잃어버리기도 합니다. 남편은 남편대로 "내가 가족을 위해 밖에 나가 얼마나 고생했는데!" 하고 불만을 터뜨리고 아내는 아내대로 "내 인생을 포기한 대가가 겨우 이거야?" 하며 절망합니다. 부모님은 부모님대로 "내가 너를 위해 어떻게 했는데!" 하고 속상해 하시고 우리는 우리대로 "내가 얼마나 참고 노력했는데!" 하며 화를 내기도 해요. 그러다 갈등이 깊어져 결국 이혼에 이르는 경우도 많습니다.

가족도 중요하지만 가장 중요한 것은 나 자신의 꿈과 행복이 아닐까요? 자신보다 가족이 더 중요하다고 생각하는 사람들은 결혼해서 가족을 이루고 행복하게 살면 됩니다. 그러나 다른 사람의 간섭을 받기 싫어하고 독립적으로 살기를 원하는 사람들에게까지 결혼을 강요해선 안 될 거예요. 결혼은 때가 되면 당연히 해야 하는 일이 아니라 개인이 자유롭게 선택하는 일이 되어야 합니다.

결혼하지 않아도 얼마든지 가족을 만들 수 있어

결혼을 꼭 해야 한다고 주장하는 사람들은 결혼을 거부하는 이들을 이기적이고 무책임한 사람이라고 공격합니다. 결혼을 해야 아이를 낳고, 아이를 낳아야 가족이 만들어져 사회가 유지된다는 거죠. 사회 구성원으로서 책임을 다하지 않는다고 비난하는 거예요.

그러나 결혼을 해야만 가족을 만들 수 있는 건 아니에요. 우리는 부모와 자녀로 구성된 가족만을 가족이라고 생각합니다. 그러나 이런 모습의 가족은 전체 가족의 절반도 되지 않아요. 미국의 역사학자이자 가족학자인 스테파니 쿤츠는 전통적인 결혼 제도와 가족제도가 이미 무너지고 있다고 말합니다. 실제로 우리가 모르는 사이에 새롭고 다양한 가족들이 생겨나고 있지요.

결혼을 하지 않고 동거를 해도 가족입니다. 스웨덴은 결혼한 부부가 낳는 아이보다 동거 커플이 낳는 아이가 더 많다고 해요. 프랑스를 비롯한 유럽 대부분의 나라는 동거 커플에게 결혼한 커플과 똑같은 권리를 보장해 주지요. 동성 친구나 동성 애인이 함께 살며 아이를 입양해도 가족이 됩니다. 출산만을 위해 남녀가 결합한 뒤 자유롭게 따로 사는 싱글맘, 싱글대디도 가족이지요.

수십, 수백 명이 함께 모여 사는 공동체 가족도 있습니다. 수백 명

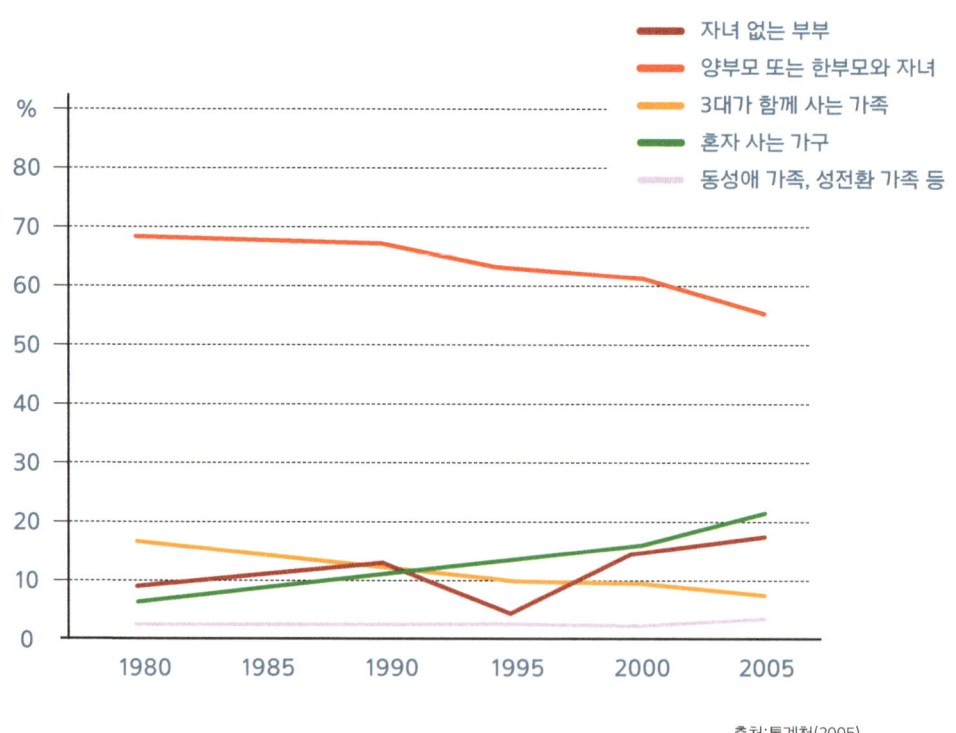

출처:통계청(2005)

부모와 자녀로 이루어진 가정이 꾸준히 감소하는 대신 다양한 형태의 가족이 증가하고 있다.

의 어른과 아이들이 따로 또 같이 식당과 놀이방, 공동 텃밭, 작업실을 같이 쓰며 살아가는 뉴욕의 이타카 에코빌리지는 유명합니다. 새로운 형태의 대가족이죠. 전 세계에 이런 생태 공동체가 수백, 수천 개가 있다고 해요. 프랑스의 미래학자 보디망은 인간은 곧 로봇과 사랑에 빠져 가족을 이루게 될 거라고도 했고요. 물론 혼자서 반려동물과 살아도 가족이지요.

이렇게 다양한 가족이 탄생하는 데 결혼은 전혀 필요하지 않습니다. 결혼은 남자가 집 밖에 나가 일하고 경제력이 없는 여자가 집안에서 아이를 키우고 살림을 돌보던 시대에 어울렸던 제도예요. 여자도 충분한 경제력을 가질 수 있고, 가족을 유지하는 것보다 자신의 꿈을 이루는 일이 더 중요하다고 생각하는 사람들이 많아진 요즘, 무조건 결혼을 고집하는 것은 어리석은 일이 아닐까요?

그렇다고 해서 영원한 사랑을 믿으며 서로 평생 헌신하는 아름다운 결혼을 없애자는 건 아니에요. 다만 결혼은 우리가 선택할 수 있는 여러 가지 삶 중에 하나일 뿐, 결코 더 이상 모두가 따라야 할 의무가 아니라는 점을 꼭 기억해야 합니다.

찬성 사랑하는 사람을 만나면 결혼을 하는 것이 당연해. 결혼은 다른 사람을 사랑하지 않고 평생 한 사람만을 사랑하겠다는 약속이야. 결혼을 약속해야 두 사람 사이에 다른 사람이 끼어들지 않고 평생을 같이 할 수 있어. 결혼으로 짝이 정해지지 않으면 사람들 사이에 다툼이 끊이지 않을 거야.

반대 사랑하는 사람을 만났다고 해서 꼭 결혼을 해야 한다는 법은 없어. 결혼을 통해 평생 한 사람만을 사랑하겠다는 약속을 한다 해도 사랑의 감정은 식어 버릴 수 있어. 약속으로 사람들의 변하는 감정을 계속 붙들어 둘 수는 없는 일이지. 또 결혼을 한다고 해도 두 사람 사이에 다른 사람이 끼어들 가능성은 얼마든지 있어. 드라마나 영화를 보더라도 결혼한 사람이 배우자가 아닌 다른 사람과 사랑에 빠지는 일이 자주 등장하잖아.

결혼을 하게 되면 잃는 것이 너무나 많아. 우선 결혼을 하게 되면 자유가 사라져. 가족이 생겼기 때문에 가장은 돈을 더 벌어야 하니 일도 더 많이 해야 해. 여자들은 임신과 출산, 육아 때문에 자신의 꿈을 저버리는 경우도 많고. 행복해지려고 결혼했지만 서로 다툼과 갈등 속에서 오히려 불행해지는 경우도 있어. 따라서 결혼을 꼭 할 필요는 없어.

찬성 결혼을 하게 되면 잃는 것이 너무나 많다지만 과연 그럴까? 결혼을 해서 혼자만의 자유는 사라질 수 있지만 자유 대신 얻게 되는 것이 무척 많아. 우선 결혼을 하면 외롭지 않지. 아프거나 힘들 때 옆에서 돕고 위로해 줄 가족이 생기게 되니까. 그리고 경제적으로도 안정될 수 있어. 결혼 생활을 유지하는 사람이 결혼하지 않은 사람보다 평균 4배나 더 부자라는 조사 결과도 있거든.

사랑하는 사람을 만나 평생을 함께하겠다는 약속을 하고 그것을 지키는 것은 정말 아름다운 일이야. 게다가 결혼은 사회를 유지하기 위해서도 꼭 필요해. 결혼이 없으면 가족도 없고, 가족이 없으면 사회도 없을 거야. 그렇기 때문에 결혼은 개인의 선택이라고만 할 수 없어. 사랑하는 사람을 만나면 결혼을 해서 가족을 이루고 사회를 유지하는 의무를 다하는 것이 당연해.

반대 자신의 자유를 중요하게 여기고 독립적으로 살기를 원하는 사람들에게까지 결혼을 강요할 필요는 없어. 결혼을 해야만 가족을 만들 수 있는 것은 아니야. 실제로 우리가 모르는 사이에 결혼이 아닌 방식으로 새롭고 다양한 가족들이 생겨나고 있어. 결혼은 이제 우리가 선택할 수 있는 여러 가지 삶 중의 하나일 뿐, 결코 모두가 따라야 할 의무라고 할 수 없어.

생각더하기

1. 두 글에서 주장의 근거를 찾아 각각 요약해 봅시다.

"결혼은 꼭 해야 할까?"

	그렇다(찬성)	아니다(반대)
근거		

2. "결혼은 꼭 해야 한다."라는 주장에 대해 여러분은 찬성하나요, 반대하나요? 책에 나와 있는 내용 외에 주장을 뒷받침할 수 있는 근거를 더 찾아봅시다. 상대편의 주장을 어떻게 반박할지도 생각해 봅시다.

3. 다음은 통계청과 여성가족부가 발표한 2015 청소년 통계 중 결혼에 대한 생각들입니다. 여러분은 다음 생각에 동의하나요, 아님 반대하나요? 왜 그렇게 생각하는지 이유도 함께 써 봅시다.

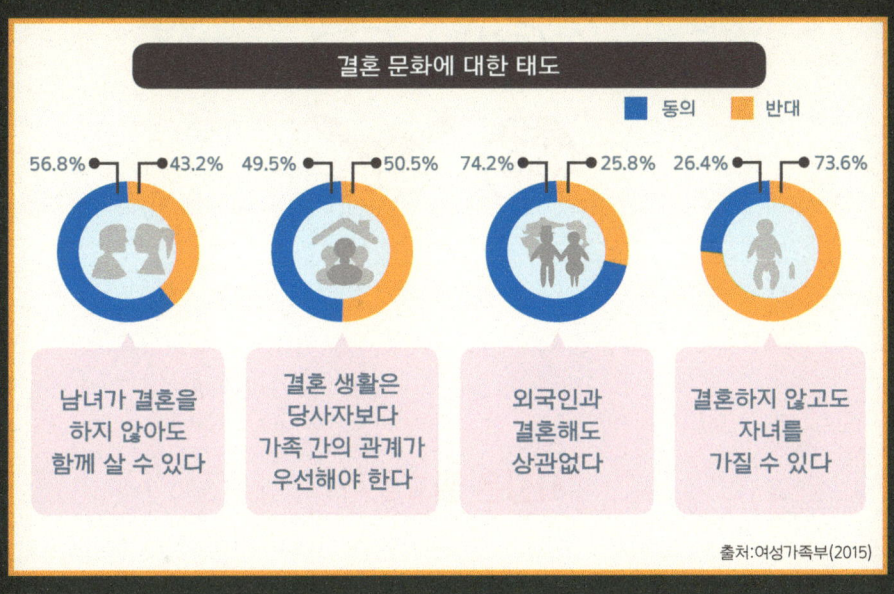

출처: 여성가족부(2015)

남녀가 결혼을 하지 않아도 함께 살 수 있다.

➡ 동의 (   )   반대 (   )

왜냐하면 ＿＿＿＿＿＿＿＿＿＿＿＿＿＿＿＿＿＿＿＿＿＿
＿＿＿＿＿＿＿＿＿＿＿＿＿＿＿＿＿＿＿＿＿＿＿＿＿＿＿＿
＿＿＿＿＿＿＿＿＿＿＿＿＿＿＿＿＿＿＿＿＿＿＿＿＿＿＿＿
＿＿＿＿＿＿＿＿＿＿＿＿＿＿＿＿＿＿＿＿＿＿＿＿＿＿＿＿
＿＿＿＿＿＿＿＿＿＿＿＿＿＿＿＿＿＿＿＿＿＿＿＿＿＿＿＿

토론 한눈에 보기

"시험은 필요할까?"

시험은 꼭 필요해	시험은 필요하지 않아
■ 시험을 보면 같이 공부하는 사람들끼리 선의의 경쟁을 하게 되어 더 열심히 공부하기 때문에 실력이 향상된다. ■ 시험은 점수나 등급으로 자신의 수준을 정확하게 알려 준다. 시험을 보지 않으면 공부한 것을 제대로 알고 있는지 확인하기 어렵다. ■ 학교나 사회에서 사람을 뽑을 때 시험보다 더 공정하고 평등한 평가 방법은 없다. 성별, 외모, 재산 등과 상관없이 똑같이 도전 기회가 주어진다. **반론** 시험은 경쟁을 불러오고 학생들을 불행하게 만든다고 하는데 시험 자체가 불행을 가져오는 것은 아니다. 시험보다 시험 결과에 따라 사람을 차별하는 것이 문제이다.	■ 시험을 위한 공부는 진짜 공부가 아니다. 정해진 답을 기계적으로 외우게 할 뿐 진정한 실력 향상과는 거리가 멀다. ■ 시험은 엄청난 스트레스를 불러일으키고 소중한 인간관계를 무너뜨려 학생들을 불행하게 만든다. ■ 사교육이 있는 한 시험은 더 이상 공정하고 평등한 평가 방법이 될 수 없다. 돈 많은 부모를 둔 아이들은 비싼 과외를 받는 등 더 나은 조건에서 시험 준비를 할 수 있다. **반론** 시험을 통한 경쟁이 공부를 더 열심히 하게 만든다고 하지만 그렇지 않다. 지나친 학습량과 성적에 대한 압박 때문에 공부를 포기하게 만들기도 한다.

"학원에 다녀야 할까?"

학원에 다녀야 해

■ 학원에 다니면 성적이 오른다. 부족한 공부를 보충할 수 있고 전문 강사로부터 공부 기술을 배울 수 있어 성적 향상에 도움이 된다.
■ 학원에서는 맞춤식 수업을 받을 수 있다. 내 수준에 맞는 수업이 가능하고, 원하는 과목만 따로 배울 수 있어 효과적으로 공부할 수 있다.
■ 학원에 다니면 시간 관리를 할 수 있다. 공부 시간과 휴식 시간을 따로 정해서 지킬 필요가 없고, 다른 학원으로 이동하는 동안 시간을 쪼개 쓰는 경험을 할 수 있다.
반론 학원이 돈을 벌기 위해 필요도 없는 사교육을 받게 한다고 말하지만 학원은 돈을 받는 만큼 성적을 올려 준다. 학원이 교육 서비스를 제공하고 돈을 벌어들이는 것은 잘못이 아니다.

학원에 다니지 말아야 해

■ 학원에 다니면 스스로 공부하는 법을 배울 수 없다. 학원의 계획과 시간표대로만 움직이므로 자기 주도적인 학습 태도를 기르지 못한다.
■ 학원에 다니면 스트레스를 많이 받는다. 학원 수업과 학원에서 내주는 과제를 해야 하기 때문에 학습량이 많아진다.
■ 학원에 다니면 돈이 너무 많이 든다. 사교육비 부담은 가정경제를 위태롭게 만들고 부모의 미래를 불안하게 하며, 교육비 부담으로 인해 출산을 꺼리는 등 사회적으로도 큰 문제가 된다.
반론 학원에 가는 이유는 학원이 성적을 올려 준다고 생각하기 때문인데 그렇지 않다. 문제풀이를 중심으로 공부하기 때문에 오히려 성적이 떨어지기도 한다.

"초등학생이 이성을 사귀어도 될까?"

초등학생도 이성을 사귀어도 돼

■ 초등학생이 이성에 관심을 갖는 건 성장 과정에서 나타나는 자연스러운 본능이다. 본능을 억지로 막으려고 하면 부작용만 더 커질 수 있다.
■ 이성 교제는 개인의 자유이다. 부모라고 해도 자신의 행복을 추구하려는 개인의 자유를 억압하거나 막을 권리는 없다.
■ 초등학생 때 이성 교제를 하면 바람직한 이성관을 가질 수 있다. 이성 친구를 사귀면서 남녀 간의 차이를 학습할 수 있어 바람직한 이성관을 쌓는 데 도움이 된다.
반론 성 문제 때문에 초등학생이 이성과 사귀면 안 된다고 하는데 실제로 그런 일이 생기는 경우는 거의 없다. 성 문제는 이성 교제보다 잘못된 성교육 때문에 일어나는 경우가 더 많다.

초등학생은 이성을 사귀면 안 돼

■ 초등학생 때는 친구를 다양하게 만날수록 인성 발달에 도움이 되는데 이성 교제를 하면 친구를 골고루 사귀는 데 방해가 된다.
■ 초등학생은 아직 어려서 이성 교제 중에 생기는 성적인 문제를 스스로 책임지기 어렵다. 성 문제는 폭력으로도 이어질 수 있어 위험하다.
■ 좋아하던 이성 친구와 헤어지면 마음의 상처를 입는다. 친밀감이 강했던 만큼 우울증에 걸리거나 자존감이 낮아지는 등 이별 뒤의 후유증이 크다.
반론 이성 교제가 바람직한 이성관을 쌓는 데 도움을 준다고 하지만 한두 명의 이성과 만나면 이성에 대한 오해나 편견 등 나쁜 선입견만 갖게 될 수 있다.

"부모는 자녀를 체벌해도 될까?"

부모는 자녀를 체벌해도 돼

- 체벌은 교육적 목적을 지닌 행동이라는 점에서 감정적 손찌검과는 다르다. 체벌은 자녀의 잘못을 바로잡고 올바른 방향으로 이끌어 주기 위한 행동이다.
- 체벌을 통해 부모의 권위를 세울 수 있다. 교육은 권위가 있는 사람을 통해 이루어지는데, 권위가 없는 친구 같은 부모는 자녀를 제대로 가르치기 어렵다.

반론 다른 사람의 몸에 고통을 준다는 이유로 체벌도 폭력이라고 하는데, 체벌은 폭력이 아니다. 폭력은 다른 사람에게 해를 입히기 위한 행동이지만 체벌은 자녀를 올바로 키우기 위한 교육적 목적을 가지고 있다.

부모라도 자녀를 체벌하면 안 돼

- 체벌은 자녀의 삶을 망가뜨린다. 부모에게 매를 맞고 자란 아이는 공격성을 갖게 되거나 인지능력이 떨어진다는 연구 결과가 있다.
- 체벌은 자녀와 부모 모두에게 습관이 된다. 처음에는 말을 잘 듣지만 자녀가 성장할수록 점점 더 강한 체벌이 필요하기 때문에 아동 학대로 발전할 수 있다.
- 자녀는 부모의 소유물이 아니다. 아무리 부모라도 인권을 가진 자녀를 마음대로 체벌해서는 안 된다.

반론 체벌이 효과적인 교육 방법이라고 하지만 체벌 말고도 자녀의 잘못을 고치게 하는 방법은 많다. 어떤 목적에서 체벌을 하던 자녀에게는 폭력으로 다가갈 뿐이다.

"결혼은 꼭 해야 할까?"

결혼은 꼭 해야 해

- 사랑하는 사람이 생기면 결혼하는 것이 당연하다. 결혼으로 짝이 정해지지 않으면 사람들 사이에 질투와 오해 등 다툼이 생겨나기 때문에 사랑하면 결혼을 약속해야 한다.
- 결혼은 사회 유지에 필요하다. 인간은 결혼 제도를 통해 가족을 만들고, 가족이 있어야 사회가 유지되기 때문에 결혼은 사회적 의무를 다하기 위해서라도 해야 한다.

반론 결혼을 꺼리는 이유는 결혼하면 손해를 본다고 생각하기 때문인데, 결혼을 하면 외롭지 않고 경제적으로 안정되며 계획적인 생활을 하게 되는 등 혼자 살 때보다 더 건강하고 만족스러운 삶을 살게 된다.

결혼은 하지 않아도 돼

- 평생 사랑할 수 있는 사람을 찾는 것은 쉽지 않다. 결혼은 한 사람만을 사랑하겠다는 약속인데 평균 수명이 늘어난 100세 시대에 그런 사람을 찾기는 현실적으로 어렵다.
- 결혼을 하면 잃는 것이 너무 많다. 자기만의 삶을 살 수 있는 자유도 사라지고 가족에 대한 의무 때문에 자기 꿈을 잃어버린 채 일에 파묻혀 살기도 한다.

반론 결혼을 해야 가족이 만들어지고 가족이 있어야 사회도 유지된다고 하는데, 가족은 결혼을 통해서만 만들어지는 것이 아니다. 싱글맘이나 싱글대디, 동거커플, 공동체 가족 등 결혼이 필요 없는 가족들이 점점 늘어나고 있다.

교과서와 함께 봐요

차례	과목	학년	단원명
공통	국어	5-1	5. 글쓴이의 주장
		5-1	6. 토의하여 해결해요
		5-2	3. 의견을 조정하며 토의해요
		5-2	6. 타당성을 생각하며 토론해요
		6-1	4. 주장과 근거를 판단해요
1. 시험은 필요할까?	도덕	6	4. 공정한 생활
2. 학원에 다녀야 할까?	도덕	5	1. 바르고 떳떳하게
		6	3. 나를 돌아보는 생활
3. 초등학생이 이성을 사귀어도 될까?	사회	5-1	2. 인권 존중과 정의로운 사회
	도덕	5	6. 인권을 존중하며 함께 사는 우리
4. 부모는 자녀를 체벌해도 될까?	사회	5-1	2. 인권 존중과 정의로운 사회
	도덕	5	5. 갈등을 해결하는 지혜
		5	6. 인권을 존중하며 함께 사는 우리
5. 결혼은 꼭 해야 할까?	사회	3-2	3. 가족의 모습과 역할 변화
		4-2	3. 사회 변화와 문화 다양성

☀ 참고 자료

시험은 필요할까?
『핀란드 교육 혁명』, 곽수현, 살림터, 2010년
『공부 중독』, 엄기호 외, 위고, 2015년
『그 많은 똑똑한 아이들은 어디로 갔을까?』, 권재원, 지식프레임, 2015년
日, OECD학력조사 순위 향상… "脫유토리 효과", 〈연합뉴스〉, 2013년 12월 4일
명문대 입학 부유층만의 리그… 소득 격차가 교육 양극화로, 〈한국일보〉, 2014년 10월 14일
"수학, 어렵고 양 많고 진도 빨라… 멀어져", 〈경향신문〉, 2015년 7월 23일

학원에 다녀야 할까?
『아깝다 학원비』, 사교육걱정없는세상, 비아북, 2010년
『EBS 특별기획 교실이 달라졌어요 : 자기주도학습 편』, EBS 교실이 달라졌어요 제작팀, 경향미디어, 2014년
『청소년을 위한 시간관리와 공부 비법』, 유성은 외, 평단, 2015년
서울지역 특목고 진학, 강남3구 출신 쏠림 여전-전체의 25% 차지…사교육 영향, 〈헤럴드경제〉, 2015년 6월 2일
고달픈 초등생… 대학생보다 공부 시간 많아, 〈한국경제〉, 2015년 6월 30일
중학교 과정 국·영·수 사교육 효과 거의 없다, 〈세계일보〉, 2013년 12월 2일

초등학생이 이성을 사귀어도 될까?
『남자아이 여자아이』, 레너드 삭스, 아침이슬, 2007년
『화성에서 온 남자 금성에서 온 여자』, 존 그레이, 동녘라이프, 2010년
『스무 살 전에 알아야 할 성 이야기』, 앤 마를레네 헤닝 외, 예문, 2013년
『사춘기 내 몸 사용설명서』, 안트예 헬름스, 조선북스, 2014년
초등학교 고학년 '연애보고서' "23% 이성교제 해봤다", 〈연합뉴스〉, 2015년 9월 14일
교실서 남녀 둘만 얘기 땐 진술서… 1년에 세 번 손잡다 걸리면 퇴학, 〈중앙일보〉, 2015년 11월 7일
청소년 '연애 탄압', "지금이 조선시대?", 〈이데일리〉, 2010년 11월 17일
"3명 중 1명 이성교제 도중 폭력 경험", 작년 52명 숨져, 〈중앙일보〉, 2015년 6월 27일

부모는 자녀를 체벌해도 될까?
『꽃으로도 아이를 때리지 말라』, 박홍규, 우물이있는집, 2002년
『부모라면 유대인처럼』, 고재학, 예담friend, 2010년
『사랑의 매는 없다』, 앨리스 밀러, 양철북, 2005년
『미국 대통령가의 가훈』, 우지앙 외, 문학수첩 리틀북스, 2007년
『부모의 권위』, 요세프 크라우스, 푸른숲, 2014년
『아이들은 어떻게 권력을 잡았나』, 다비드 에버하르드, 진선출판사, 2016년
"사랑의 매, 6살까지는 긍정적 효과 있다", 〈동아일보〉, 2010년 1월 4일
얼굴과 머리, 뺨 그리고 사랑의 매, 〈네이버캐스트〉, 2012년 12월 24일

결혼은 꼭 해야 할까?
『가족의 두 얼굴』, 최광현, 부키, 2012년
『우리 사랑은 영원할까 : 낭만적 사랑의 진화』, 하주영, 비글인디북스, 2012년
『결혼해도 괜찮아』, 박혜란, 나무를심는사람들, 2015년
『진화하는 결혼』, 스테파니 쿤츠, 작가정신, 2009년
『유엔미래보고서 2040』, 제롬 글렌 외, 교보문고, 2013년
『결혼에 관한 7가지 거짓말』, 존 제이콥, 학지사, 2014년
『플라톤의 대화』, 플라톤, 도서출판 숲, 2015년
'사랑은 900일간의 폭풍', 〈EBS〉, 2014년 4월 25일
'결혼의 진화', EBS다큐프라임, 〈EBS〉, 2015년 7월 20일
결혼하면 건강해지고 오래 산다, 〈서울신문〉, 2015년 6월 12일